Die Realität schlägt zurück

Benjamin Bratton

Die Realität schlägt zurück

Politik für eine postpandemische Welt

Aus dem Englischen von David Frühauf

Matthes & Seitz Berlin

Inhalt

Vorwort: Wenn der Tod das Leben regiert

Dies ist ein Buch darüber, wie Gesellschaften Leben und Tod verwalten, wie sie scheitern und Erfolge erzielen, und darüber, wie die Covid-19-Pandemie deutlich machte, dass wir eine Gesellschaft brauchen, die planetarisch ist und sich ihrer Verantwortung nicht entzieht. Zugleich ist es ein Buch darüber, dass weite Teile der Philosophie den pandemischen Test nicht bestanden haben – weshalb ich hier einen alternativen Vorschlag unterbreiten möchte. Eine gelungene Reaktion auf eine Pandemie, auf den Klimawandel oder darauf, wie wir füreinander Sorge tragen wollen, sollte »biopolitisch« im *positiven* Sinne sein. Denn es geht dabei schließlich buchstäblich um Leben und Tod.

Die schwierigsten Lektionen, die es zu ziehen gilt, sind jene, die sich bemerkbar machen, sobald die *Realität* – in Form eines Virus und der unzureichenden Reaktionen der Regierungen darauf – unsere wohligen Illusionen und Ideologien in tausend Stücke schlägt.

Dieses Buch nun erscheint zu einem Zeitpunkt, der hoffentlich dem Ende der Pandemie näher ist als ihrem Anfang, in einem Moment, in dem Veränderung zugleich notwendig ist und möglich erscheint. Indem es sich den aus der »Rache des Realen« zu ziehenden Lehren stellt, entwirft es eine postpandemische Politik und somit ein Bild dessen, was nun zu geschehen hat. Denn die Frage lautet: Kann sich die Welt anders regieren? Und wenn ja, welche Modelle benötigen wir dafür?

Paul Preciado schreibt: »Sag mir, wie deine Gemeinschaft ihre politische Souveränität konstruiert, und ich sage dir, welche Formen deine Plagen annehmen werden.«[1] Ja, und gleichermaßen schmerzlich wahr ist auch das Gegenteilige, vor allem wenn Souveränität durch ihre Abwesenheit definiert wird. Diese Pandemie offenbart, dass insbesondere der Westen nicht mehr in der Lage ist, sich selbst so zu regieren, wie es eigentlich nötig wäre.

Coronaviren sind uralt. Wir haben uns gemeinsam mit ihnen entwickelt. Schuld an der aktuellen Pandemie ist nicht, wie manche meinen, eine widernatürliche globale Verstrickung, die sich durch unverhohlene Abschottung rückgängig machen ließe, sodass alles und jede:r wieder an den eigenen Platz rückte. Verschränkungen sind schließlich die Norm, nicht die Ausnahme.

Die Pandemie hat gravierende Missstände zutage gefördert, nicht nur im Hinblick auf die staatlichen Reaktionen, sondern auch in Bezug auf die politischen Kulturen, die Erstere überhaupt erst beglaubigen, formen und widerspiegeln. Denn der Grund, warum ein Land erfolgreich war, wo ein anderes gescheitert ist, liegt nicht nur in den unterschiedlichen politischen Strategien, sondern auch in den unterschiedlichen Kulturen, die die jeweiligen Vorgehensweisen gutheißen oder entrüstet ablehnen. Was in Taiwan angemessen erscheint, kann in Italien oder Texas unzumutbar sein.

Wir müssen postpandemische Politik sowohl hinsichtlich der Interaktion zwischen Staat und Gesellschaft als auch im Hinblick auf die Art und Weise verstehen, wie eine weltumspannende Gesellschaft sich selbst erfährt, wie sie sich vermittels verschiedener Mechanismen, seien sie öffentlich, persönlich, privat oder wissenschaftlich, organisiert und für sich selbst Sorge zu tragen versucht.

Der anarchische Zustand der internationalen Politik, innerhalb dessen sich Nationen voneinander abschotten und um Ressourcen wie Daten oder Impfstoffe konkurrieren – obwohl es sich dabei keineswegs um ein Nullsummenspiel handeln müsste –, ist ebenso überflüssig wie erschreckend unkoordiniert. Solch ein Zustand belässt uns alle in einer Position, bei der gemeinsame Probleme zwar auf planetarischer Ebene bestehen, diese jedoch auf einer vergleichsweise kurzsichtigen lokalen Ebene adressiert werden. Die Herausforderungen, die der Klimawandel an die Regierungen stellt, machen diese Situation überaus deutlich. Wohl früher als später muss und wird daher etwas geschehen.

In Anbetracht einer solchen Zukunft geht dieses Buch von der Annahme aus, dass die Forderung nach einem wissenschaftlich-biologischen Konzepts des Lebens nicht bedeutet, die Welt auf bloße Fakten zu *reduzieren*, als vielmehr ihre Komplexität und Fragilität anzuerkennen; sie folglich also nicht auf die konstruierten Bedeutungen zu reduzieren, die wir ihr überzustülpen vermögen. In der Pandemie wird nämlich klar: Die Realität schlägt zurück. Sie ist eine nicht verhandelbare Tatsache, die komfortable Illusionen auf den Kopf stellt, ganz gleich, wie sehr sich manche auch bemühen mögen, diesen mit einer eigens auserwählten Form von Hokuspokus zurück auf die Füße zu verhelfen.

Doch um welche Formen des »Realen«, der »Realität«, handelt es sich, mit denen wir uns aufgrund der Pandemie gezwungenermaßen auseinandersetzen müssen? Wie hat das beispiellose Filtrieren und Sortieren von Menschen in ihre jeweiligen Passländer die Macht und die Grenzen der exklusiven nationalen Staatsbürgerschaft offenbart? Wie wird der epidemiologische Blick und das kollektive Risiko die landläufigen Vorstellungen davon verändern, was eine »Gesellschaft« ist? Welche Lehren müssen aus den – erfolgreichen oder katastrophalen – Reaktionen der verschiedenen Regierungen für die Zukunft gezogen werden? Macht die ungleiche und ungerechte Verteilung von Tests und Pflege deutlich, wie kollektiv das Risiko in Wahrheit ist? Und wie wirft dies zugleich Simplifizierung aller Arten von technologischer Sensorik als schädliche »Überwachung« über den Haufen?

Was verraten die »Maskenkriege« über die zerstörerische (und selbstzerstörerische) Natur des libertären Individualismus, der als Grundlage unserer Souveränität gilt? Wie entsteht aus der subjektiven Absicht, Schaden zuzufügen oder Zuneigung zu schenken, im Angesicht des objektiven biologischen Sachverhalts der Infektion eine Ethik des immunologischen Gemeinguts, sobald wir an jemand Fremdem vorbeigehen? Ist es denn wirklich verwunderlich, dass die auf »biopolitischer Kritik« basierenden Philosophien, die jedwede auf den Körper bezogene Governance für autoritär und illegitim halten, vor dem Hintergrund der Pandemie dermaßen kläglich versagen? Und was wiederum offenbarte der explosionsartige Anstieg an Protesten gegen Polizeigewalt über die Auswirkungen eines generationellen Abbaus einer gerechten und effektiven Regierungsführung?

Und zu guter Letzt: Wie geht es weiter mit der postpandemischen Erde? Auf welche Formen planetarischer Absicherung, Governance und *Kompetenz* wird es in einer rationalen und gerechten Welt ankommen, und welche tiefgreifenden und komplexen Veränderungen innerhalb der politischen Kultur könnten sie zeitigen? Ist der Westen in der Lage, sich die eine oder andere naheliegende Lektion zu Herzen zu nehmen, oder nicht?

Es gibt keinen bequemen Ausweg, keine einfachen Lösungen. Das Buch hat keinerlei Absicht, als entspannender Schmöker über die Guten und die Bösen herzuhalten, die mehr zu erklären vorgeben, als sie in Wahrheit zu liefern imstande sind. Dafür sind die Einsätze zu hoch und zu breit gestreut. Die Realität der Situation ist zutiefst desorientierend, selbst für einige unserer angesehensten Kulturtheoretiker:innen. Während nämlich bisher ästhetischer Widerstand gegen vertikale Planung und wissenschaftliche Rationalität gemeinhin als fortschrittlich erachtet wurde, sind wir mittlerweile mit einem Zustand konfrontiert, in dem intuitiver Individualismus unter dem Deckmantel der »gesundheitlichen Freiheit« zunehmend als Gefahr erkannt wird. Der Boden wird uns unter unseren Füßen weggezogen, dafür liegen nun einige zuvor verborgene Pfade offener und klarer als je zuvor zutage.

Die von mir beschriebene postpandemische Politik ist inklusiv, materialistisch, restaurativ, rationalistisch und basiert auf einem radikal entmystifizierten Bild der menschlichen Spezies, das eine Zukunft antizipiert, die sich von derjenigen unterscheidet, wie sie von vielen kulturellen Traditionen angedacht worden ist. Sie akzeptiert die evolutionäre Verflechtung von Säugetieren und Viren. Sie erkennt den Tod als Teil des Lebens an. Und sie versteht daher etwas vollkommen anderes unter den Verantwortlichkeiten des medizinischen Wissens, unnötiges Leid zu lindern sowie den Tod zu verhindern, als die rein nativistische Immunisierung einer Bevölkerungsgruppe gegen eine andere. Es handelt sich um *Biopolitik* in einem positiven und vorausdeutenden Sinne. Denn wie auch immer sich die Folgen letztlich darstellen: Sie sind beabsichtigt, durch Handeln oder Unterlassung. Laissez-faire-Vitalismus, demzufolge »das Leben sich schon irgendwie behaupten wird«, ist keine Option, sondern lediglich eine Gutenachtgeschichte. Und gleichermaßen ist die Behauptung, dass es Bio-Macht nicht geben dürfe und dass Entscheidungen darüber, was lebt und was nicht, sich vermeiden ließen, zumal sie schwierig und beunruhigend seien, letztlich bloß eine weitere Möglichkeit, die Ausübung von Bio-Macht ohne Rechenschaftspflicht zuzulassen.

Die Analyse, Diagnose und die Vorschläge dieses Buchs werden manchen zweifellos wie der Ruf nach einem Regierungsmodell vorkommen, das auf einem technologischen Rationalismus von planetarischem Ausmaß basiert. Ganz falsch mögen sie damit zwar nicht liegen, doch es geht um weitaus mehr. Denn das Buch stellt den Versuch dar, die Pandemie als Prisma für die strukturellen Probleme zu gebrauchen, um so eine planetarische Gesellschaft vorstellbar werden zu lassen, die in der Lage ist, sich ganz bewusst mit Mitgefühl und Vernunft zu komponieren. Das bedeutet aber auch, dass wir uns von der Vorstellung verabschieden müssen, solch eine Komposition könnte von selbst entstehen – wird doch schließlich auch ein kranker Körper nicht geheilt, indem man dem Leben und dem Tod einfach freien Lauf lässt.

Das Buch wurde innerhalb weniger Wochen geschrieben und ist eher als zeitnahe Polemik denn als definitive Stellungnahme zu verstehen. Es gäbe noch viel mehr zu sagen, wozu ich auf diesen Seiten nicht in der Lage war. Beispielsweise könnte man noch viel mehr über die Rolle der Wirtschaft sagen und darüber, weshalb sowohl die von kurzfristigen Profiten getriebenen Unternehmenssysteme als auch die sklerotischen Staatsbürokratien – zumindest im Westen – für die aktuelle Situation nicht hinreichend gerüstet sind. Bezogen auf diese beiden Aspekte erweisen sich die vergleichsweise effektiven Reaktionen Asiens als Erfolgsgeschichte, und dieser Unterschied sollte Anlass zur Sorge geben.

Dieses Buch stellt eine Kulturkritik dar oder genauer gesagt eine Kritik an der westlichen politischen Kultur und ihren derzeitigen philosophischen Unzulänglichkeiten. Das liegt jedoch nicht daran, dass ich der Meinung bin, Kultur und Philosophie seien unabhängig von oder sogar wichtiger als Biologie und Epidemiologie – sondern eher daran, dass ich gegenteiliger Meinung bin.

1. Die Realität schlägt zurück

Es ist schwierig, wenn nicht gar unmöglich, sich dermaßen überschlagende Ereignisse adäquat zu kommentieren. Zwar lassen sich Vermutungen darüber anstellen, was geschehen wird, doch handelt es sich bei dem wahrscheinlichsten Ergebnis selten um dasjenige, welches am Ende tatsächlich Gestalt annehmen wird. Man gestatte mir daher, das Ganze unter Berücksichtigung eingeschlagener Bahnen etwas in Bezug zu setzen.

Während sich die westlichen Länder derzeit in verschiedenen Stadien des Lockdowns, der Katastrophe und der Widersprüche befinden, beginnt China nach Monaten der Not zögerlich wieder, zu einer gewissen Normalität zurückzukehren. In den Vereinigten Staaten, wohin ich mich verkrochen habe, schwankt die Regierung zwischen unzusammenhängenden Erregungszuständen und Schutzmaßnahmen hin und her. Freund:innen, die es eigentlich besser wissen müssten, verwandeln sich in jenen Verschwörungstheoretiker, den Jude Law in dem Film *Contagion* von 2011 mimte. Und über den ganzen Globus hinweg werden die Kübler-Ross'schen Trauerphasen als das neue nationale Horoskop herangezogen: Leugnen, Wut, Feilschen, Depression und Akzeptanz. Zu behaupten also, die Vereinigten Staaten hinkten Italien zehn Tage hinterher, stellt nicht bloß eine epidemiologische Analyse dar – es ist eine regelrechte psychiatrische Diagnose.

Wir werden noch Monate extremer Verrücktheit und Kummer erleben, bevor die Dinge langsam wieder in einen Zustand münden, der sich zwar normaler anfühlen, aber eben niemals ganz normal sein wird. So zumindest lautet momentan das optimistische Szenario. Viele frühere Denk- und Handlungsweisen werden uns im Nachhinein wohl kaum mehr von der Hand gehen. Manches davon werden wir vermissen, bei manch anderem werden wir nicht einmal bemerken, dass es uns abgeht. Welchen wichtigen Lektionen sollten wir uns also stellen, bevor die Normalität, die ein derart großes Chaos angerichtet hat, zurückkehrt? Eine weitere »x-te Welle« des Virus wäre katastrophal, doch nicht anders wäre eine weitere Welle der ihr zugrunde liegenden Ursachen.

Der Eindruck des Notstands ist spürbar und real. Doch anstatt diesen Moment als »Ausnahmezustand« zu bezeichnen, sollten wir ihn besser als Offenlegung von *Vorerkrankungen* begreifen. Denn die Folgen schlechter (oder fehlender) Planung, maroder Sozialsysteme und isolationistischer Reflexe sprechen eine unmissverständliche Sprache. Wachsam sollte man daher nicht im Namen vertrauter Normen gegenüber einer »Notlage« sein, sondern gegenüber jenen dysfunktionalen Normen, die wieder über uns hereinbrechen werden, sobald der Rauch verflogen sein wird. Wir müssen unsere Aufmerksamkeit auf die zum Vorschein gekommenen Pathologien richten und im selben Atemzug willentlich in einer veränderten Welt und ihren vielen Herausforderungen leben.

Was die postpandemische Politik angeht, so sollte sie den Todesstoß für die reaktionären Formen des politischen Populismus der letzten Jahre bedeuten, die auf einfachen und kathartischen Erzählungen von Ressentiments und Schuldzuweisungen gründen. Ob das jedoch der Fall sein wird? Sicher ist das zum gegebenen Zeitpunkt keineswegs. Die Pandemie (sowie der Klimawandel und vieles andere) macht deutlich, dass der derzeitige anarchische Zustand der Geopolitik gerechten, effektiven, rationalen und also realistischen Regierungsformen zu weichen hat. Dieses Buch stellt daher nicht zuletzt einen Appell zu einer neuen, realistischen Form planetarer Politik als Gegenmittel gegen die populistische Inkohärenz der letzten Jahre dar, die den vorherrschenden Aufgaben, wie man sieht, nicht gewachsen war. »Populismus« soll hierbei jedoch nicht als politisches und/oder kulturelles Projekt der Arbeiter:innenklasse missverstanden werden, sondern im Zusammenhang seiner weitaus spezifischeren Konnotationen aus Demagogie, folkloristischer Panikmache, simplifizierenden emotionalen Aufrufen, aus Abgrenzungspolitik, hohler Theatralik und Scheinsymbolik, aus charismatischen Tricksereien und so weiter.

Diese Form des Populismus, die während der letzten Jahre ganz unterschiedliche Kandidat:innen erfolgreich in exekutive und legislative Positionen befördert hat, schert sich nicht um fachliches Wissen und fetischisiert Metaphern. Um der Pandemie jedoch auf Augenhöhe begegnen zu können, benötigt es Kompetenz. In einem Moment aber, in dem diejenigen, die das Virus als Jux abgetan haben, vorschlagen, es solle einfach seinen unvermeidlichen Lauf nehmen, erscheint ein nüchterner, gut geplanter, vertrauenswürdiger, zuhandener, vorausschauender, anpassungs- und reaktionsfähiger Ansatz als das Programm der idealistischsten Politik, die man sich vorstellen kann. Doch die menschliche Fähigkeit, sich die Tatsachen den gewünschten Erzählungen entsprechend zurechtzubiegen, darf nicht unterschätzt werden. Und darüber hinaus haben die unterschiedlichen Reaktionen der verschiedenen Gesellschaften auf die globale Seuche viele Ideologien und Traditionen als ineffektiv, betrügerisch und selbstmörderisch entlarvt.

Manche Länder, in denen das Wort der souveränen Exekutive als das buchstäblich letzte darüber gilt, ob das Virus existiere, was es bedeute, wer es ausgelöst habe und was als Reaktion darauf zu unternehmen sei, tun sich als Extrembeispiele dessen hervor, was als Politik der Loyalität sowie alternative Realität gelten kann. Solch ein Populismus steht symptomatisch für eine generationenübergreifende Demontage öffentlicher Systeme und internationaler Zusammenarbeit. Geblieben ist den Gesellschaften im Namen der Märkte oder Bottom-up-Kooperationen wenig anderes als zunehmend pathologische Formen von »Emergenz«. Sobald jedoch das Rückgrat bricht, besteht die allgemeine Antwort darin, die Idee von Governance selbst anzugreifen zugunsten einer noch nachdrücklicheren Spontaneität. Was keinesfalls verwundern dürfte. Denn Populismus gedeiht in dem Gefühl, das System sei kaputt – und dass es das ist, daran besteht kein Zweifel, wenn auch nicht in der Art und Weise, wie Populist:innen es meinen, und nicht so, wie Demagog:innen es gern predigen.

So gesehen stellt Populismus jedenfalls eine Form der Regierungsfeindlichkeit dar. Diese erkennt nicht nur, dass die Hebel der Macht in bestimmter Weise inkompetent oder korrumpiert, sondern auch, dass sie auf unbestimmte und allgemeine Weise illegitim sind, und daher reagiert sie gleichsam unbestimmt und allgemein sowie unmittelbar, viszeral und rundheraus. Als Fundament jeder denkbaren Biopolitik entzieht sich der Populismus der pragmatischen Auseinandersetzung mit der Realität, da er Gefangener seiner eigenen emotionalen Investitionen ist. So kommt es, dass Statuen vermeintlicher Kriegshelden vehementer verteidigt werden als die Körper lebender Menschen, dass virale Memes prominenter Körper das Internet sprengen können und Tatsachenverdrehung sowie Desinformation in der Lage sind, kulturell völlig artifizielle Welten hervorzubringen, die die Menschen mit ihrer Hoffnung, Angst und Wut ausstaffieren. Sprich, Populismus ordnet die Reparatur defekter Systeme einem virtuellen Wettbewerb semiotischer Kriegsführung unter.

Auf gleiche Weise wie die Institutionskritik im Grunde der letzte Rest des Glaubens an die Autorität der Kunstinstitutionen ist, kann sich auch die ästhetisierte Politik des Populismus dermaßen fest in die Rituale und Ornamente der Macht wie des Widerstands gegen die Macht zwängen, dass die Macht selbst es sich in sicherer Entfernung gemütlich machen kann. Denn letztlich bleibt die populistische Politik, die der unzulänglichen Reaktion auf das Virus den Boden bereitet hat, einer Welt verhaftet, in der Politik bedeutet, sich der *Repräsentation* des Realen zu widersetzen, sie zu verändern, zu überwachen oder zu verteidigen – ohne dabei überhaupt in Erwägung zu ziehen, dass die zugrunde liegende Realität dem gänzlich gleichmütig gegenübersteht.

Aus diesem Grund stellt die Covid-19-Pandemie eine sich selbst offenbarende *Rache des Realen* dar. Ihre Unempfänglichkeit gegenüber dem endemischen Knutismus,[2] auf den sich unsere derzeitige Politik so sehr verlässt, bildet die wesentliche Lektion, um die herum die postpandemische Politik gestaltet werden müsste. So wie König Knut angeblich vor den Wellen gestanden haben soll und ihnen Einhalt gebieten wollte, sind die Populist:innen von heute dem Glauben an die Macht ihrer eigenen Gesten verfallen. Doch die Pandemie ist eine jäh hereinbrechende Offenbarung der komplexen biologischen Realität des Planeten, mit dem wir verstrickt sind, und die zugrunde liegende Realität steht den Handlungssträngen und mythischen Lehren, die wir darauf zu projizieren versuchen, apathisch gegenüber. Das bedeutet aber nicht, dass wir sie nicht kennen, begreifen, verstehen, modellieren oder dass wir nicht auf sie reagieren und sie so, *wie sie ist*, verändern können. Das können wir. So lautet, im ganz grundlegenden Sinne, die Definition derjenigen Governance, die die Politik der Pandemie hätte beseelen sollen und die eine postpandemische Politik gewährleisten sollte.

Gleichermaßen sollte sie Ansporn für die postpandemische Philosophie sein. Denn auch diese scheiterte an ihrer Aufgabe, manchmal aus vorsätzlicher Ignoranz und durch inkohärente Ohnmachtsbekundungen und manchmal durch regelrechten intellektuellen Betrug. Das ist durchaus beschämend, liegen doch bereits viele der notwendigen und benötigten Konzepte vor. Wir wissen weitaus mehr, als uns bewusst ist, und daher erweist sich die Rache des Realen auch als eine Rückkehr des Verdrängten. Verdrängt sind die biologischen Realitäten der Koevolution menschlicher Gesellschaften mit Viren, die epidemiologische Realität von Populationen, das reale Kalkül von positiver und negativer

Freiheit, alles im Namen verschiedener Placebos – allen voran, wie ich im Folgenden zeigen werde, die Mythen der individuellen *Autonomie*.

Bei der vielleicht wichtigsten der einst verdrängten und nun wiederkehrenden Realitäten handelt es sich um die eines gesellschaftlichen Bereichs, der nach Jahren des Abbaus aller möglichen Formen öffentlicher Verwaltung – zumindest aller außer den polizeilichen Funktionen – verwahrlost ist. Diese Realität führte zusammen mit dem thermischen Druck eines umfassenden Lockdowns zu Protesten und einer *sozialen Explosion*, die die Illusionen darüber, wer in welcher Weise Teil der Gesellschaft ist und wer nicht, offenlegte. Eine Reihe regulierter biologischer und sozialer Tode wurden zu Wendepunkten und damit zu einer Rückkehr des Zerrüttungsprinzips. Doch die Frage ist, was kommt als Nächstes?

Wie gesagt, dieses Buch spricht sich für eine »positive Biopolitik« aus, welche die Grundlage für eine funktionsfähige gesellschaftliche Selbstorganisation bilden könnte. Dabei geht es weniger um ein Plädoyer im Namen des »Politischen« im metaphysischen Sinne als vielmehr im Namen einer *Gouvernementalität*, durch die eine zwangsläufig planetarische Gesellschaft in die Lage versetzt wäre, sich bewusst selbst zu komponieren. Insofern sich die zeitgenössische Philosophie durch ihr oftmals reaktionäres Misstrauen in jene Ecke drängte, in der sie »Biopolitik« nur noch als totalitäre Repression begreifen kann, die endloser Kritik und permanenter Dekonstruktion bedarf, ist es wohl an der Zeit, sie einem Auffrischungskurs sowie einer Überprüfung auf Herz und Nieren zu unterziehen. Horden an Boomern, mich eingeschlossen, sind in einer Welt groß geworden, in der es hieß, das böse Establishment sei (angeblich) hierarchisch und rationalistisch, wohingegen Individualismus, Autonomie und spontane Irrationalität (angeblich) eine Position des Widerstands darstellten – doch finden wir uns alle in einer Welt wieder, in der diese Opposition massiv verformt, wenn nicht sogar ins Gegenteil verkehrt erscheint. Heute ist es die horizontale, spontane und individualistische Irrationalität des Status quo, weswegen unsere Kranken- und Leichenschauhäuser überfüllt sind.

Warum aber ist die Reaktion des Westens dermaßen chaotisch, und was wäre die positive biopolitische Alternative dazu? Es gibt etliche Kontaktpunkte, aus denen sich das Argument darüber zusammensetzt. Sie umfassen das Recht darauf, gezählt zu werden, und die Rolle der Sensorik bei der Gewährleistung gerechter sozialer Modelle. Diese Modelle werden nicht einfach als überwachende, polizeiliche Repräsentation verstanden, sondern als Fundament einer rekursiven Selbstkomposition der Gesellschaft. Im Problem der Überindividuation liegt daher der Kern meiner Kritik an der Überwachungskultur, aber auch an der Überstrapazierung des Begriffs »Überwachung«, mit der alle Formen der sozialen Sensorik als gewaltsame Übertretungen abgetan werden.

Darüber hinaus gilt es zu fragen, was wirklich »essenziell« an bestimmten Arten von Arbeit und Arbeitnehmer:innen sein soll. Wie ermöglicht Automatisierung im urbanen Maßstab und der durch sie bedingte Austausch von Menschen, Software und Gütern sowohl sozialen Zusammenhalt über große Vermittlungsstrecken hinweg als auch die Verdeckung der tatsächlichen zugrunde liegenden sozialen Mechanismen? Wie kommt es, dass Ethik – bedenkt man die Masken in unseren Gesichtern – übermäßig auf subjektive Intention angewiesen ist, wo sich doch das reale kollektive Risiko weniger um Schadensabsichten oder Wohlwollen als vielmehr um physische Nähe schert? Warum hat die Philosophie der Biopolitik ihre Beschäftigung mit der wissenschaftlichen Biologie dermaßen vehement auf den Bereich des »Diskurses« beschränkt und sie primär als Instrument der Kontrolle betrachtet, und wie hat das ihre Fähigkeit beeinträchtigt, während der Pandemie ausreichend brauchbare Ideen zu liefern? Und schließlich: Was macht die Formen planetarischer *Kompetenz* aus, durch die wir in die Lage versetzt werden, uns selbst zu helfen?

Wir befinden uns mitten in der Pandemie, und es könnte kaum augenscheinlicher sein, wie dringend nötig es ist, eine Biopolitik der bevölkerungsweiten Selbstkomposition und der realistischen Fürsorge im Maßstab der planetarischen Bevölkerung selbst zu entwerfen. Auf diese Weise könnten wir, der Homo sapiens in seiner biologischen Gesamtheit, das, worauf wir uns geeinigt haben, unseren gegenseitigen Abhängigkeiten und Bestrebungen entsprechend neu gestalten. »Medicare for All« ist eine halbgare, drollige Vision im Vergleich zu dem, was eigentlich möglich ist.

Und zuletzt: Bei der postpandemischen Politik handelt es sich nicht um ein bloßes Bündel an programmatischen Glaubenssätzen. Sie lässt sich nicht mittels einer farbigen Pille erklären (sei sie rot, blau, schwarz oder wie auch immer), das heißt anhand eines umfänglichen Metanarrativs und Identitätsquells in der diskreten Form eines virtuellen pharmazeutischen Kügelchens. Sie verlangt stattdessen vielmehr zu akzeptieren, dass rein symbolischer Widerstand durch das jähe Eindringen einer gleichgültigen Realität mehr als hinfällig werden kann. Eine simple Gebrauchsanweisung, der wir einfach folgen könnten, gibt es folglich nicht. Wir müssen eine Politik entwerfen, die in der Lage ist, sich mit der ganzen Komplexität der Realität auseinanderzusetzen. Die Vorerkrankungen, die nun an die Oberfläche gelangt sind, führen einmal mehr die Notwendigkeit einer Geopolitik vor Augen, die nicht auf einer sich angesichts allgegenwärtiger Risiken selbst unterminierenden Gefangenen-Dilemma-Taktik beruht, sondern auf einem bewussten Plan, wie sich der von uns besetzte und immer wieder neu gestaltete Planet koordinieren lässt. Andernfalls wird sich dieser Moment zu einem vollkommen unnötigen permanenten Ausnahmezustand entwickeln.

Doch zunächst einmal: Was ist passiert?

2. Die große Filtrierung

Ihr alle habt die Pandemie an verschiedenen Orten und in unterschiedlichen Graden des Lockdowns verbracht. Zu den Dingen, über die die Politik Rechenschaft abzulegen haben wird, zählt etwa, wie sich die Staaten während der Krise verhalten haben, wie sich das Virus von Stadt zu Stadt, von Land zu Land, von Bevölkerung zu Bevölkerung ausgebreitet hat und insbesondere was die Pandemie mit der und im Hinblick auf die Idee der Staatsbürgerschaft angestellt hat.

Wo sind all die Menschen hin? Zu den maßgeblichen und verstörendsten Angelegenheiten der Pandemie zählte die große Filtrierung, bei der ganze Bevölkerungsgruppen – normalerweise mobil und wild durchmischt – oft mit nur wenigen Tagen Vorlaufzeit *in ihre Heimatländer zurücksortiert wurden.*

Die Filtrierung sowie Rück- beziehungsweise Neusortierung von Menschen in einzelne Staatsbürgerschaftskategorien stellt eine der wesentlichen soziologischen Entwicklungen dieser Pandemie dar: US-Amerikaner:innen wurden zurück in die Vereinigten Staaten gefiltert, Inder:innen zurück nach Indien, Südkoreaner:innen zurück nach Südkorea, Brasilianer:innen zurück nach Brasilien. Die physische Organisation von Menschen nach formaler Staatsbürgerschaft (oder legalem Wohnsitz) und ihrem jeweiligen Platz innerhalb der postkolonialen nationalstaatlichen

Ordnung ist etwas, was wir angesichts dessen, was sie letztlich über unsere Fähigkeit zur Lösung gemeinsamer Probleme besagt, mit Besorgnis beobachten sollten. Schließlich versetzt uns dies alle in die Position, in Bezug auf diese Krise nicht nur von unseren eigenen, ganz persönlichen Erfahrungen, sondern auch von der offiziellen politischen Reaktion unseres Passlandes abhängig zu sein. Der Zugang zu wichtigen Ressourcen ist dementsprechend konditional beziehungsweise arbiträr und hängt davon ab, wo man zum Stehen kommt, sobald die Musik verklingt. Jene, die nach Florida zurückgeschickt wurden, waren mit einer ganz anderen biopolitischen Realität konfrontiert als beispielsweise diejenigen, die zurück nach Singapur oder Neuseeland mussten.

Die große Filtrierung führte auch zu mehreren geradezu unwahrscheinlichen Episoden und Ausnahmen. So versuchten im späten Frühjahr einige, mit allen Mitteln zurück nach China zu gelangen, um dem Virus und den unzulänglichen Reaktionen bestimmter westlicher Länder zu entkommen. Neuseelands Status als bevorzugter Back-up-Plan der »Doomsday Prepper« wiederum bestätigte und bekräftigte sich neuerdings. Mexiko schloss seine Grenzen zu den Vereinigten Staaten, um sich vor den infizierten US-Amerikaner:innen zu schützen. Barbados bietet nach wie vor ein spezielles Pandemie-Visum für diejenigen an, die willens und in der Lage sind, die Pandemie an den Stränden auszusitzen.

Während die Weltbevölkerung auf diese Weise sortiert wurde – schien doch schließlich keine andere Option zur Verfügung zu stehen –, traten die Vor- und Nachteile eines solchen Nationalismus deutlich zutage. Aber was hätte man auch anderes tun können? Die Bindung des Einreise- und Freizügigkeitsrechts an einen staatlichen Identitätsnachweis ist eine historisch junge Entwicklung, die auf der Trennung von Migrant:innen und einheimischer Bevölkerung sowie auf der Einführung einer exklusiven Staatsbürgerschaft als Bedingung für die Bewegungsfreiheit beruht. Dass dies unser Default-Mode ist, heißt nicht, dass er zwingend und unumgänglich wäre. Doch dass es augenscheinlich keine andere Option gegeben hat, ist nicht weniger ein Armutszeugnis für unsere kollektive Fähigkeit, im gegenseitigen Interesse und kooperierend zu regieren, als für unsere Vorstellungskraft, wer oder was eine pflegebedürftige Person oder Bevölkerung ausmacht. Angesichts des planetarischen Ausmaßes der Pandemie gilt es, sich andere Möglichkeiten als jene zu erschließen, die auf der zutiefst problembehafteten Bedingung der »Staatsbürgerschaft« basieren.

Auch das Virus migrierte. Es hatte seinen eigenen Werdegang, und nur wenige Orte boten Zuflucht vor ihm. Es bewegte sich wellenartig von den »erstrangigen« zu den »zweitrangigen« Städten[3] und dann in eher ländlichere Gebiete. Dabei entwarf es seine ganz eigene Karte der menschlichen Gesellschaft. Viele von uns, die Familie, Freund:innen und Kolleg:innen in China haben, blieben während des Ausbruchs in engem Kontakt mit ihnen und mussten dann ungläubig zusehen, wie unsere eigenen Länder tatenlos der Dinge harrten und in einer psychologischen Distanz zum Rest der Welt schwelgten. Das sorgte für eine Art Kassandra-Komplex: Man wusste genau, was passieren würde, schließlich hatte man bereits aus der Ferne mitangesehen, wie das

Virus anderswo um sich griff, konnte aber die Menschen nicht davon überzeugen, was auf sie zukam. Die Welle aber war real.

Unbenommen solch einer Vorausschau, ist der Zugang zu medizinischer Versorgung vielerorts an strenge Bedingungen geknüpft. So liegt trotz des nicht abreißenden historischen Fadens der Bevölkerungsdurchmischung die Verantwortung für die Betreuung und Beaufsichtigung einer Person während einer Krise nach wie vor bei einem Staat, der sich unter Umständen auf der anderen Seite der Welt befindet und der nur dann für ihre Betreuung sorgen kann, wenn die betreffende Person an ihre Geburtsstätte zurückkehrt. Doch selbst dann ist der Zugang alles andere gewiss. Denn für manche Migrant:innen ist eine erzwungene Rückkehr mithin das, was den Zugang zur Versorgung geradezu unmöglich macht.

Es gibt Alternativen zur künstlichen Verteilung der menschlichen Bevölkerung auf abgeschlossene Bereiche der Erdoberfläche. Die beste medizinische Versorgung kann im Prinzip überall bereitgestellt werden. Anders als autochthone Trugschlüsse glauben machen wollen, ist es der Menschheit möglich, auf Basis unterschiedlichster räumlicher Logiken fusioniert und entwirrt, versammelt und verstreut, von selbst verteilt oder vereinigt zu werden. Und daher wird in dem Maße, in dem die Bescheinigung zur »Bürgerin« durch die gegenwärtige Geopolitik gleichzeitig bekräftigt und untergraben wird, und in dem Maße, in dem andere Berechtigungsnachweise an ihre Stelle treten oder sie vervielfachen, sicherlich bereits an einer Reihe möglicher postpandemischer Positionen gefeilt.

Die Frage dabei ist nicht, ob die Welt eigentlich gar nie sortiert werden sollte, sondern wie man sie auf eine Weise sortieren könnte, die praktikabler, weil weniger als Strafe oder Beschränkung konzipiert wäre. Bedenkt man etwa, dass Cloud-Plattformen staatsformartige Dienste unabhängig vom Standort zur Verfügung stellen können und staatliche Dienstleistungen zunehmend auf die Cloud angewiesen sind, könnten auch diese vielleicht bald jenseits der normalen Grenzen verfügbar sein. Zugleich aber ist bei Weitem nicht jede Migration dermaßen freiwillig oder erzwungen wie die große pandemische Filtrierung. Die Zukunft der Klimamigration beispielsweise und die Frage, welche pro- und reaktiven Maßnahmen zu ihrer Bewältigung ergriffen werden, droht zu einem der brisantesten demografischen Themen des Jahrhunderts zu werden. Legt etwa eine Politik, die die Zuwanderung in oder die Abwanderung aus den Herkunftsländern gewährt, den Grundstein für eine staatliche Wirtschaft, die Ein- und Ausreiseerlaubnisse direkt verkauft? Werden, wie im Falle von Barbados, die Vorteile der Ausreise die Kosten, einschließlich des eigentlichen Einreisepreises, überwiegen?

Die Präzedenzfälle und Möglichkeiten sind vielschneidig. Die Mobilmachung hin zu einer zulässigen »postanthropozänen« Welt, ausgeführt in dem nötigen planetaren Maßstab, verlangt nach einer außergewöhnlichen Choreografie, einer umfassenden und gründlichen Bereitschaft zu öffentlicher und privater Vernunft, einschließlich ungewohnter Formen des Verzichts und der Verhaltensänderung, eine pragmatische Vorstellung davon, was »essenziell« ist und was nicht, sowie eine Fokussierung der technischen

Systeme auf Gerechtigkeit und Effizienz. Ein Gutes jedenfalls hat die große Filtrierung und die ungleichmäßige Massenmobilisierung der Pandemie – im Vergleich zu den letzten Jahren scheint all das nun möglich, ja vielleicht sogar wahrscheinlich.

Aus all diesen Gründen gilt es zu hoffen, dass diejenigen, die vermuten, dass es sich bei der »Plandemie« um den Probelauf für die planetarische Bewältigung klimakrisenbedingter Notlagen handelt, nicht in allen Belangen falschliegen. Lassen wir es zu, dass sich die Wertigkeit und Konnotation des Begriffs »Neue Weltordnung« in den kommenden Jahren auf interessante Weise verändern werden, und zwar eher im Sinne einer grundlegenden geopolitischen und geoökonomischen Neuausrichtung als einer elitären Verschwörung, die auf dem symbolischen Gehalt von »666« fußt.

Was die Neugestaltung des westfälischen Staats-»Bürgerschafts«-Formats betrifft, so könnte die Umstrukturierung der Geopolitik Aus- *und* Einreiserechte umfassen, wahrscheinlich sogar in miteinander unvereinbaren Ausprägungen. Sie könnte zur Öffnung mancher Grenzen bei gleichzeitiger Vervielfachung von anderen führen, sie könnte historisch dem Gemeinwohl dienende Staaten dazu bringen, sich abzuschotten, und privatisierte urbane Felder, Plattformen und Netzwerke dazu, immer weiter Raum zu greifen. Sie könnte zukunftsweisend sein, oder auch nicht: eine offene, planetarische Oberfläche, gesprenkelt mit privaten Enklaven, oder umgekehrt, eine weitgehend private Oberfläche mit öffentlichen Enklaven, jeweils mit unterschiedlichen Mitgliedschaftsbedingungen. Die Untersuchungen zugunsten dieser und anderer Geopolitiken richten sich nicht *gegen* Gouvernementalität, sondern erfolgen im Namen ihrer Neukonzipierung – nicht das Ende der Geschichte, sondern so etwas wie ein lang verzögerter Neuanfang.

3. Vergleichende Regierungsführung

Nachdem sie gefiltert und wieder in ihre jeweiligen Passländer einsortiert worden war, nahm die Weltbevölkerung an einem Experiment teil, das die künftige Politikwissenschaft wohl als *den größten Kontrollversuch der vergleichenden Regierungsführung in der Geschichte* zu verbuchen haben wird. Das Virus diente dabei als Kontrollvariable und Hunderte unterschiedliche Staaten und politische Kulturen als die Versuchsvariablen. Und die Resultate liefern ein eindeutiges Bild.

Wie die verschiedenen Gerichtsbarkeitsmodelle, politischen Architekturen und politischen Kulturen auf diese Pandemie reagiert haben, stellt eine Art Lackmustest dar, eine Möglichkeit, die Wirksamkeit und Logik der jeweiligen Systeme und der sie mit Leben erfüllenden Kulturen zu evaluieren. Und es führt uns ganz unterschiedliche Ergebnisse vor Augen. Länder, die die Situation und die Daten ernst nahmen, deren Regierungen vertrauenswürdig und kompetent agierten, die die Technologien umstandslos und effektiv zum Einsatz brachten und zuvor bereits über ein umfassendes soziales Gesundheitssystem verfügten, schnitten gut ab. Jene, die diese Punkte nicht erfüllten, taten es nicht. Und nebenbei bemerkt: Mehr ist nicht immer mehr. Das relative Bruttoinlandsprodukt spielte im Vergleich zur Qualität der Regierungsführung kaum eine Rolle.

Die Art und Weise, wie die verschiedenen Systeme reagierten, sollte Einfluss darauf haben, wie politische Kulturen ihre Traditionen bewerten. Brasilien scheiterte, Taiwan ist auf Erfolgskurs, der Iran wurde schwer getroffen, Vietnam scheint sich gut geschlagen zu haben, Indien kam der niedrige Altersdurchschnitt seiner Bevölkerung einigermaßen zugute, die meisten Länder Afrikas steckten es gut weg, Italien schnitt anfangs schlecht ab, dann aber besser als das Vereinigte Königreich und andere Teile Europas. Die Reaktionen von Singapur und Texas hätten nicht unterschiedlicher sein können. Und auch innerhalb ein und desselben Landes zeigten sich deutliche Unterschiede: etwa zwischen Hongkong und Schanghai, Moskau und St. Petersburg oder Kalifornien und Arizona.

Zum Zeitpunkt der Niederschrift ist das Ganze jedoch noch lange nicht vorbei. Deutschland kam aufgrund der verfügbaren Tests und therapeutischen Maßnahmen zumindest anfangs noch relativ gut weg und dann im Laufe der Zeit immer mehr ins Stocken. In Schweden waren die Zahlen viel höher als in den skandinavischen Nachbarländern, aber, angesichts der Tatsache, dass es nie einen Lockdown angeordnet hat, niedriger, als man hätte erwarten können. Das zeigt, wie viel ein allgemein zur Verfügung stehendes Gesundheitssystem mit hervorragender Versorgung bringt und wie viel ein solches anderswo dazu beigetragen hätte, die Infektionen einzudämmen.

Die Spannbreite der Maßnahmen verrät einiges über die politische Handlungsfähigkeit der jeweiligen Systeme und Kulturen. Manche Aspekte der zentralisierten Steuerung und Kontrolle haben funktioniert, andere nicht.

Manche Stärken des westlichen Liberalismus haben sich als angemessene Antwort auf das Virus erwiesen, insbesondere an den Rändern, während wiederum andere Aspekte die entsprechenden Gesellschaften in eine benommene, zusammenhangslose Verwirrung gestürzt haben, in der keine der halblaut vorgetragenen Beschwichtigungen mehr etwas brachten. Jedes System wird gerade zur gleichen Zeit auf die Probe gestellt. Welche Lehren aber müssen aus diesem Experiment gezogen werden, selbst dann noch, wenn es nichts gibt, woran man den Erfolg messen kann? Diejenigen, die schlechter abgeschnitten haben, sollten von jenen, die bessere Leistung erbracht haben, lernen. Eine noch größere Dummheit wäre es nämlich, sich diese Gelegenheit entgehen zu lassen.

Selbstverständlich dürfen wir nicht allen gemeldeten Daten unbesehen Glauben schenken, und die Antikörpertests machen deutlich, dass der erste Hauptstrang des Virus möglicherweise viel weiter verbreitet ist (und eventuell weniger tödlich), als ursprünglich angenommen, obwohl der Zuwachs an gemeldeten Todesfällen im Vergleich zu den erwarteten Todesfällen (unabhängig davon, welche »Ursache« diesen zugeschrieben werden) zeigt, dass die Gesamtzahl der Todesfälle wahrscheinlich auch weitaus höher ist als im Allgemeinen bekanntgegeben. Zum momentanen Stand beträgt die Zahl der Fälle in China rund 90 000 und in Russland 4,4 Millionen, und die meisten Beobachter:innen gehen davon aus, dass die eigentlichen Ziffern deutlich höher sind. Aber selbst wenn wir die Anzahl an chinesischen Fällen mit dem Faktor zehn oder sogar hundert multiplizieren würden, wäre sie nichts im Vergleich zu den dreißig Millionen Fällen in den Vereinigten Staaten, den 11,5 Millionen in Brasilien und den elf Millionen in Indien (Zahlen, die noch steigen werden) – jeder einzelne Fall erhebt Anklage gegen die nationalistischen, populistischen Regimen, die einer Katastrophe Herr zu werden suchten, die durch multiple Faktoren verursacht worden war und die sie nicht mit dem kleinlichen, insularen Chauvinismus in Einklang bringen konnten, der ihr politisches Programm ausmacht.

Lässt sich darin ein Muster erkennen? Eines jedenfalls wird hier deutlich: Die populistische »Wir machen, was wir wollen«-Gesinnung schnitt überaus schlecht ab, wohingegen die besser vorbereiteten technokratischen Länder mit stabiler und offen zugänglicher Gesundheitsversorgung sowie einem allgemeinen Vertrauen in die Regierungsmaßnahmen vergleichsweise bessere Ergebnisse erzielten und sich mitunter sowohl gegen das Virus als auch gegen die abstumpfenden Folgen eines langfristigen Lockdowns schützen konnten. Gute Governance regiert besser.

Die Oxford University veröffentlichte den sogenannten »Comprehensive Government Response Tracker«, der hinsichtlich der Reaktionen der Staaten mehrere Variablen vergleicht und es erlaubt, einige vorsichtige Korrelationsschlüsse zwischen Maßnahmenarten und Ergebnissen zu ziehen. Wobei es damit längst noch nicht getan ist. Auch die jeweilige politische Kultur gilt es zu berücksichtigen. Was am einen Ort akzeptabel sein mag, würde am anderen abgelehnt. Außerdem setzten die Maßnahmen in den einzelnen Ländern nicht zur gleichen Zeit ein. China traf es bekanntermaßen als Erstes, gefolgt von den Nachbarsgebieten, wobei beispielsweise Taiwan, Singapur, Südkorea und

Vietnam aufgrund ihrer Erfahrung mit SARS im Jahr 2002 teilweise schnell reagieren konnten. Die Vereinigten Staaten und Europa wussten zwar mehrere Wochen lang, was auf sie zukam, wirkten aber dennoch weitgehend überrumpelt.

Insbesondere die Trump-Administration legte die Hände in den Schoß und tat die sich anbahnende Seuche zunächst als lästige Störung und dann als Verschwörung ab, nur um im letzten Moment doch noch den Sieg über die Pandemie für sich zu reklamieren. Die angeborene isolationistische Mentalität der Vereinigten Staaten stellte sich als verhängnisvolle Schwäche heraus: Selbst als Millionen Menschen Alarm schlugen, erwies sie sich als undurchlässig. Politische Kulturen, die eine selbstgefällige Ästhetik des liberalen Individualismus zur Schau tragen, sind für bestimmte Dinge bestens gerüstet und für andere gar nicht. Von oben nach unten, geplant und koordiniert zu agieren, dazu sind sie eigentlich durchaus in der Lage, wie nicht zuletzt ihr Militär und ihre Gameshows zeigen.

Im Gegensatz zu den Vereinigten Staaten schnitten viele asiatische Technokratien ganz gut ab, was, auch wenn es wahr ist, manchen entlang des politischen Spektrums aus unterschiedlichen Gründen nicht sonderlich behagen dürfte. Taiwan, vor der Küste des chinesischen Festlands, hat 22 Millionen Einwohner:innen und *insgesamt* 984 Fälle. Die Stadt San Diego, wo ich zum wiederholten Mal den Lockdown verbringe, kommt von allen kalifornischen Großstädten am besten weg und verzeichnet dennoch täglich mehr als 4000 Fälle. So viele sind es in Los Angeles noch vor dem Mittagessen. Kalifornien, mit der, gemessen am Bruttoinlandsprodukt, fünftgrößten Volkswirtschaft der Welt und einem Gouverneur, der die Situation ernst zu nehmen scheint, hat insgesamt über 3,5 Millionen Infektionen gemeldet. Demgegenüber hat Singapur in Summe 59 000, Südkorea 92 000 und Vietnam lediglich 2562 gemeldete Fälle. Natürlich kann es sein, dass die Berichterstattung in Vietnam nicht so lückenlos ist wie in den beiden erstgenannten Ländern, aber das wird sich erst im Laufe der Zeit mithilfe der Antikörpertests herausstellen. Die Zahlen werden jedenfalls weiterhin dramatisch ansteigen, bevor dies alles vorbei ist, wohingegen sich an den relevanten Mustern kaum mehr etwas ändern wird.

Eine weitere wichtige Lektion lautet, dass es irreführend ist, den Erfolg eines Landes einer einzigen Methode zuzuschreiben, sei es eine technologische Intervention bestehend aus Test und Nachverfolgung, sei es ein robustes Gesundheitssystem, das auf der Grundlage von verfügbaren Erkenntnissen handelt, oder sei es eine politische Kultur, innerhalb derer die Menschen den Informationen, die ihnen an die Hand gegeben werden, und den Anweisungen darüber, was zu tun ist, vertrauen. All diese Faktoren sind von entscheidender Bedeutung; ist keiner davon vorhanden, setzt sich eine Gesellschaft einem epidemiologischen wie ökonomischen Risiko aus.

Taiwan feierte seinen Erfolg, ohne wie in Wuhan oder Washington einen flächendeckenden Lockdown anzuordnen. Das Land setzte auf frühzeitige, rasche und umfassende Tests sowie auf Nachverfolgung, was eine gezieltere und therapeutische Quarantäne von Personen ermöglichte, bei denen das Risiko bestand, sie könnten sich anstecken oder das Virus weitergeben. Dadurch konnten Schulen und

Büros weitgehend offen bleiben. Die Behörden, darunter auch die Digitalministerin Audrey Tang, hatten einen wohlüberlegten Plan und ein koordiniertes Vorgehen. Sie hatten sich bereits in den vergangenen Jahren das Vertrauen der Öffentlichkeit erworben. Die Botschaften, die Berichterstattung und die Folgemaßnahmen waren deshalb glaubwürdig. Im Vergleich dazu haben sich die schwerfälligen, selbstmitleidigen USA und das Vereinigte Königreich mit Ach und Krach durchgemogelt, und ihre konfusen politischen Maßnahmen, die einem Pflaster glichen, das langsam und schmerzhaft abgezogen wird, machten sie anfällig für ein Höchstmaß an epidemiologischem und ökonomischem Elend.

Sobald man manche Menschen im Westen mit der Realität der effektiven Reaktionen der asiatischen Länder auf das Virus konfrontiert, zeigt sich in dem Ausmaß an Leugnung, Ignoranz, Rechtfertigung, Selbstbetrug und Paranoia ein Bild für die Götter. Vieles davon ist durch puren Rassismus motiviert: »Asien kommt damit zurecht, weil es in der Natur des Orientalen liegt, despotisch und roboterhaft zu sein.« – »Die scheren sich nicht um Privatsphäre, weil das Leben dort ohnehin keinen Wert besitzt.« – »China kann meine Gedanken mithilfe der KI lesen.« – »Die haben Covid-19 absichtlich produziert!!«

Für den Fall, jemand käme auf die Idee, ich wolle die »asiatische technokratische« Reaktion in ein allzu gutes Licht rücken: Es ist keinesfalls zu leugnen, dass die chinesischen Zahlen zu einem Preis erzielt wurden, der anderswo aus gutem Grund außer Frage stünde. Zudem werden die ersten Monate der Pandemie aufgrund der propagandistischen Szenen aus dem *Theater der Autorität und Kompetenz* in Erinnerung bleiben, reichlich bebildert, etwa von Männern in Schutzanzügen, die im Regen ganze Straßenzüge mit Desinfektionsmittel einsprühen, was weniger eine durchdachte, objektive Maßnahme darstellt als eine öffentliche Zurschaustellung einer kompetenten »Intervention« um ihrer selbst willen. Keinesfalls aber sollten die Kausalität-versus-Korrelation-Dynamiken von dieser Art von Kunststücken (und es gab etliche davon) und der offensichtliche Erfolg in Bezug auf die Verwaltung der Pandemie durcheinandergebracht werden. Covid-19 holt man sich nicht vom Asphalt. Autoritäre Performancekunst verfügt über keine reelle Wirkmächtigkeit, weder im Kleid des Befehls noch in der Gleichgültigkeit des starken Mannes.

Die deutlichste Lektion, die höchstwahrscheinlich niemanden überraschen dürfte, lautet, dass es sich bei nationalistischem Populismus um keinen besonders effektiven Ansatz zur Steuerung komplexer, gegen das Poltern xenophober Angstmache immuner Realitäten handelt. Die Zahlen belegen dies. Jene Länder mit den verheerendsten Todesfällen je Einwohner haben sich dem magischen Denken des nationalistischen Populismus verschrieben. Auf dieser schmählichen Skala schnitt Großbritannien mit Abstand am schlechtesten ab, dicht gefolgt von Brasilien, Mexiko, dem Iran, Chile, Kolumbien und, wie könnte es anders sein, den Vereinigten Staaten – allesamt tragen sie wirkungsvoll zur Schau, was eine geeignete planetarische Biopolitik definitiv nicht ist.

Länder, deren Staatsoberhäupter nicht bloß unglaubwürdig sind, sondern sich in ihrer eigentlichen Amtsausübung auf eine große und tiefgehende *politische Kultur des*

Misstrauens gegenüber Governance, Politik und Expertise stützen, geraten in einen sich selbst bewahrheitenden Mahlstrom, in dem das Misstrauen – ob begründet oder nicht – zu Regierungsformen führt, die dann tatsächlich zweifelhaft sind und Inkompetenzen offenbaren, was wiederum das Misstrauen in die Regierung als solcher schürt. Bei dem Ergebnis dieses Experiments in vergleichender Regierungsführung geht es daher nicht nur um bestimmte Arten von Regimen, sondern auch um politische Kulturen, die, nachdem sie sich über Jahre hinweg den eigenen Boden bereitet haben, eine bestimmte Politik auf verschiedene Weise möglich oder undenkbar machen.

Aber unabhängig davon, wer an der Macht ist, erzielten auch die mitunter spöttisch als *historisch unregierbar* bezeichneten Kulturen (und ja, wieder meine ich euch, Texas, Brasilien, Italien etc.) ähnlich schlechte Ergebnisse. Denn als wäre es genau so gewollt, waren jene Kulturen, in denen Governance prinzipiell abgelehnt wird, tatsächlich auch diejenigen, die sich schwieriger zu regieren gestalteten, wodurch sie am stärksten der Pandemie ausgeliefert waren – ein regelrechter Teufelskreis: Die Unmöglichkeit, zu regieren, sorgt dafür, dass die negativen Folgen des Mangels an einer effektiven Regierungsführung zwangsläufig eintreten, was wiederum den Argwohn gegenüber der Regierung als solcher verstärkt.

Die Geschichte des Populismus und seiner Vertreter:innen ist jedoch weitaus verzwickter. Zwar mag deren Aufstieg auf ein berechtigtes oder unberechtigtes Misstrauen gegenüber der Expertise säkularer Eliten, ökonomischer Prekarität oder soziokultureller Anomie zurückzuführen sein, doch ihre Macht beruht nicht allein auf dem Rückzug staatlicher Autorität, sondern vielmehr auf der *Personalisierung* ebendieser Autorität auch vermittels der nationalen Metaerzählung, die sie mithilfe einer Politik der Performativität, die ihre Anhänger:innen zu unglaublichen geistigen Gymnastikleistungen anspornt, heraufbeschwören.

Relevant für diese oder jede andere biopolitische Notlage scheint insbesondere, dass die Rückübertragung der Autorität auf die Person des Herrschenden als Umkehrung dessen verstanden werden kann, was Michel Foucault als die historische Verlagerung der *souveränen Macht* hin zur *Bio-Macht* nachzeichnete. Während die Regierungsautorität im Falle souveräner Macht in der Person des Monarchen weilt, bezeichnet Bio-Macht die Fähigkeit des Staats, die Bedingungen des biologischen Lebens zu strukturieren und die Gesundheit der Bevölkerung mithilfe wissenschaftlicher Kategorisierung, Normalisierung, Therapie und Vorhersage zu verwalten. Die Antimodernitätsplattformen heutiger Pseudosouveräne, zu denen das im Namen ihres postsäkularen Aberglaubens gehegte Misstrauen gegenüber Wissenschaft, Evolution, Klimawandel und Genomik zählt, stellen einen *Verzicht auf die moderne Biopolitik* dar. Dieser Verzicht beruht auf der Anmaßung souveräner Macht, die den Planeten als dem insularen Mythos bestimmter organischer Gemeinschaften untergeordnet betrachtet. Die Tatsache nun, dass die Souveräne vermittels der »großen Filtrierung« ihre über den Globus verstreuten Bürger:innen einfangen und sie diesem sophistischen Bombast unterwerfen konnten, sorgte dafür, dass auch diejenigen, die es besser wissen, der Unzulänglichkeit dieser Betrachtungsweise nicht entgehen konnten. Diesbezüglich beruht die Fähigkeit, eine negative Biopolitik auszuüben, auf dem Anspruch auf eine solche Souveränität.

Trump zog medizinischen Rat stets aus dem nächstbesten unterwürfigen Hut, der ihm zuletzt die Füße geküsst hatte, Bolsonaro schwadronierte von marxistischen Vegetarier:innen, die zu verweichlicht seien, um dem viralen Übergriff auf ihre Körper standzuhalten, Modi beschuldigte Muslim:innen, das Virus von Anfang an geplant zu haben, und Boris Johnson stammelte irgendwas von wegen Churchill oder so ähnlich. Andere wetterten gegen Big Pharma. Russlands deftige Mischung aus wissenschaftlichem Erbe und esoterischem Mediävalismus, sein geschlossenes sprachliches und erzählerisches Universum, erkannte die Realität des Virus immerhin auf einer abstrakten Ebene an und peitschte überstürzt einen Impfstoff durch, indem es die Marksteine der klinischen Tests verschob. Und unterdes behauptete der nach wie vor amtierende Präsident von Belarus Lukaschenko, dass das Virus nicht existiere – und der Logik personalisierter Souveränität zufolge existiert das Virus, wenn er dies so sagt, auch wirklich nicht.

Sie alle haben auf vergleichbare Weise versagt, während das Virus weiterhin unvermindert seine Bahnen zieht. Sie haben es geschafft, den magischen Willen der Autorität zu cosplayen und die Arbeit all der ach so hohlköpfigen Expert:innen mit ihren vermaledeiten Statistiken zu vertagen und hinauszuzögern. Doch angesichts eines indifferenten, sich in den animalischen Körpern ihrer Wähler:innen ausbreitenden Virus hat die Realität das letzte Wort. Dies liegt daran, dass eine performative Politik zwar eine Gemeinde von Gläubigen um sich scharen kann, in der alle für eine Weile das Gleiche denken, sie aber nicht tatsächlich als Mittel *funktioniert*, um über Leben und Tod zu entscheiden. Die Welt ist schließlich kein Text.

Der Postmodernismus der westlichen (und eurasischen) autoritären Populist:innen wird für eine vormoderne Politik aufgeboten und konstruiert letztlich eine gänzlich andere Art von Autoritarismus als die asiatische technokratische Variante. Es handelt sich vielmehr um einen autoritären Anarchismus: ein Warlordismus, der sich der verbleibenden Maschinerie liberaler säkularer Staaten bedient, um den Anschein einer wirtschaftlichen Ordnung zu wahren.

Der Moment, in dem das Leben und die Lebensgrundlage der Menschen durch die *unerträglich laute Leere* aufs Spiel gesetzt wird, die eine rationale, kompetente, umfassende und koordinierte Governance hätte füllen können, sollte eigentlich das Ende eines inhaltslosen, den Platz sachgemäßer Politik einnehmenden Symbolismus darstellen. Aber wird er das? Die Hartnäckigkeit des selbstzerstörerischen Populismus ist unerbittlich. Das zeigt sich uns in der »Rache an der Rache des Realen«, den Maskenkriegen und der Antiimpfpolitik sowie in der Verschränkung von Technophobie und Xenophobie. Unsere menschliche Fähigkeit, Fakten zugunsten bequemer Narrative zu verdrehen, bleibt unverbrüchlich.

Das unmissverständliche Fazit dieses Vergleichs der Regierungsführung lenkt den Blick weg von der zombiehaften Macht der Souveräne und hin zu einer *positiven Biopolitik im planetarischen Maßstab*. Ein wenig lässt sich erahnen, wie eine solche positive Biopolitik aussehen könnte, wenn wir uns jenen Dingen widmen, die gut funktioniert haben: Erstens kommt es auf die Kultur der Daten an. Städte, Staaten und Regierungen, die über gut strukturierte Datenplattformen verfügten und in der Lage waren, relevante Informationen zu erfassen und auf glaubhafte und konsistente Weise zu vermitteln, konnten für die sich nach und nach herauskristallisierenden ambitionierteren Formen gezielter Intervention größeren gesellschaftlichen Zuspruch erzielen. In Ländern, die im Hinblick darauf weniger erfolgreich waren, in denen Menschen weniger Vertrauen in den Wahrheitsgehalt der Daten oder in deren grundsätzliche Bedeutung besaßen, wurde es zusehends unmöglich, angemessen auf die Lage zu reagieren, sodass dort letztlich die schlimmste Kombination aus drakonischen und anarchischen Improvisationen vorherrschte.

Zweitens hat – zumindest gilt dies für den Westen – die mit der neoliberalen Ära einsetzende und mit der jüngsten populistischen Welle sowie der bewussten Besetzung von Institutionen mit inkompetentem Personal weiter zunehmende generationelle Demontage öffentlicher Governance ganze Gesellschaften eigenartig hilflos werden lassen. Ganz egal, ob es sich um die Vorstellung handelt, dass ein ungebändigtes Finanzwesen alles sei, was man zur Steuerung einer Gesellschaft benötige, oder um die, dass Bottom-up-Wahlgemeinschaften sowie Selbstorganisationsnetzwerke die Aufgaben des Staates unmittelbar übernehmen könnten, und zwar ohne hierarchische Kränkungen – der Gedanke, dass komplexe Systeme wie moderne Gesellschaften ohne Top-down-Steuerung auskommen könnten, stößt hier offensichtlich an seine Grenzen.

Drittens, die ästhetische Dichotomie von technologischen und sozial-institutionellen Reaktionen ist fiktiv. Die besten Maßnahmen speisten sich aus beidem. Eine Gesellschaft muss in der Lage sein, sich selbst sensorisch zu erfassen, zu modellieren und auf sich selbst zurückzuwirken, genauso wie sie dazu imstande sein muss, die Versorgung ihrer Bürger:innen zu planen und sicherzustellen. An der Bemerkung, dass es sich bei technischen Interventionen wie beispielsweise den zusammengeschusterten Tracing-Apps um billigen »Solutionismus« handele, der in wilder Panik zum Einsatz gebracht werde, weil es an gründlicher Planung und Sorgfalt fehle, um gezieltere Ansätze zu ermöglichen, haftet mehr als bloß ein Körnchen Wahrheit, selbst wenn sie von jenen kommt, die die Rolle der Sensorik, Modellierung, Nachverfolgung und Kalkulation aufgrund ihrer Invasivität oder Repressivität ablehnen.

Die Implikation dieses Experiments in vergleichender Regierungsführung lautet, dass eine positive und dem Planeten entsprechend skalierte Biopolitik nicht nur notwendig, sondern auch möglich ist. Und bei einer der entscheidenden kulturellen Grundlagen dieser postpandemischen Politik handelt es sich um etwas, über was wir alle einiges erfahren haben: nämlich den *epidemiologischen Blick der Gesellschaft*.

4. Der epidemiologische Blick der Gesellschaft

Mit einer solchen positiven Biopolitik im Hinterkopf lässt sich erkennen, wie schnell die Menschen gelernt haben, die Gesellschaft so zu sehen, wie es die Epidemiologie tut: nicht als Summe in sich abgeschlossener Individuen, die miteinander vertragliche Beziehungen eingehen, sondern als eine Population von Ansteckungspunkten und -vektoren. Dass wir uns aufgrund gemeinsamer biologischer Umstände gegenseitig helfen oder schaden, allein indem wir miteinander in Kontakt treten, stellt eine Tatsache dar, die anderen subjektiv-kulturellen Unterteilungen und Assoziationen vorausgeht und sie im Prinzip außer Kraft setzen sollte. Bei Covid-19 ist die virale Ansteckung gefährlich, doch ist das Risiko nicht bloß ein individuelles. Es ist ein kollektives Risiko. Dashboardoberflächen und statistische Ansteckungsmodelle sind zum visuellen Steckbrief des Ereignisses geworden. Das Bild unseres vernetzten Ganzen, das in alledem zum Vorschein kommt, dürfte uns auch lange nach Datenüberdruss und dem Ende der unmittelbaren Krise noch erhalten bleiben.

Die epidemiologische Sichtweise sollte das Verständnis von Subjektivität weg von privater Individuation, hin zur öffentlichen Übertragbarkeit verlagern: Der Schwerpunkt verschiebt sich von der persönlichen Erfahrung in Richtung der Verantwortlichkeiten, die sich in den zugrunde liegenden und uns bindenden biologischen und chemischen Realitäten manifestieren. Die Dynamik zwischen Individuum und Gesellschaft weitet sich aus und verknüpft sich mit dem verstrickten Ganzen, vermittels dessen ein:e jede:r von uns lebt. Jeder Organismus ist ein Übertragungsmedium für Informationen – seien es Ideen oder Viren – und wird dadurch definiert, mit wem und womit er verbunden ist und wovon er sich abgrenzt. Die politische Prämisse der »Immunisierung« – sich selbst immun zu machen, indem man jemanden oder etwas ausgrenzt – muss in konzeptuelle und technische Gesellschaftsmodelle gehüllt werden, die genauso integrativ und agnostisch sind wie epidemiologische Modelle und die sich in gleichem Maße ihrer gemeinsamen Verantwortung bewusst sind. Dies bringt mit sich, dass sich die Art und Weise, wie wir die Beziehungen zwischen Individuen und der gesamten Gesellschaft sowie diejenigen zwischen Selbstidentifikation und symbolischer Interaktion auffassen, voraussichtlich verändern wird. Für die einen mag dies ein Affront gegenüber ihrer Identität sein, für die anderen deren Voraussetzung.

Dieses epidemiologische Gesellschaftsmodell bildet das Fundament für eine tragfähige postpandemische Politik. Es bildet die Grundlage, um sowohl unsere Rolle und Position innerhalb der Gesellschaft als auch das, was eine Gesellschaft eigentlich ist, zu überdenken. Dafür gilt es, Denkgewohnheiten zu reformieren. Subjektivität wird hierbei nämlich weder im üblichen Sinn eines selbstsouveränen Individuums verstanden, das nachträglich soziale und wirtschaftliche Beziehungen eingeht, noch als Teil eines Kollektivs, das durch seine Zugehörigkeit zu einer Reihe symbolischer Verpflichtungen Gestalt annimmt. Beides weicht vielmehr einem biologischen, ja sogar biochemischen Verständnis des Sozialen.

»Risiko« wird dabei nicht als private algebraische Entscheidung verstanden, sondern von Anfang an als ein plurales und intersubjektives Beziehungsgeflecht definiert, in dem der Einzelne ein Risiko für das Kollektiv darstellt, insofern er ansteckend oder selbst der Gefahr des Kollektivs ausgesetzt ist, in welchem Fall es ihn zu schützen gilt. Zugleich ist das immunologische Prinzip der Impfung eines, in dem die Herdenimmunität das Risiko des Einzelnen reduziert und dessen jeweilige Immunität wiederum zu diesem Ergebnis beiträgt. Die Pandemie hat es zumindest den meisten Menschen leichter gemacht, sich selbst als Knotenpunkt innerhalb eines biopolitischen Netzwerks zu sehen, dem gegenüber man verantwortlich ist, denn als autonomes Individuum, dessen Souveränität der freie Wille oder das symbolische Prestige des nationalen Autokraten garantiert.

Das stellt eine große Veränderung dar, die beibehalten werden sollte. Diese politische Epistemologie der Spezies wendet sich gegen die folkloristische Vorstellung des somatischen Körpers, der von äußeren Verunreinigungen gesäubert ist, und geht stattdessen von einer biologischen Ökonomie von Symbionten aus – sie in uns und wir in ihnen. In diesem Sinne werden Coronaviren weniger anhand der einfältigen Trope des »Eindringlings« begriffen, denn vielmehr als eine spezifische Entität, die unsere Spezies dazu bewegt, ihre eigenen, allzeit prekären immunologischen Grenzen zu definieren. Solch Entität kommt nicht von »außen«, sondern wird als seit jeher mit uns gemeinsam existierend aufgefasst. Durch die wohlüberlegten und artifiziellen verhaltensbezogenen sowie medizinischen Interventionen wie Masken, Antikörpertests und schließlich Impfungen wird ein Virus – indem wir uns *selbst verändern*, um uns seiner viralen RNA zu widersetzen – neutralisiert, nicht ausgelöscht.

Dies ist Teil einer postpandemischen Biopolitik, die im materialistischsten und kooperativsten Sinne der dynamischen und steuerbaren Entfaltung des Lebens evolutionär ist. Durch die Linse dieses biologischen Materialismus verändert sich die eigene Vorstellung von einer Innerlichkeit, die von privater Stimme und Erfahrung besetzt ist, zu einem Medium, vermittels dessen sich die physische Welt selbst zum Ausdruck bringt. Die Reflexion im Spiegel mag ganz anders als erwartet erscheinen, doch trifft sie den Nagel auf den Kopf der allozentrischen Verortung des Selbst-in-der-Welt, die von den epidemiologisch-statistischen Modellen und Diagrammen der von uns allen bevölkerten Pandemie bereitgestellt wird.

Foucaults Vorlesungen aus dem Jahr 1977/78 am Collège de France, die auf Deutsch unter dem Titel *Sicherheit, Territorium, Bevölkerung* veröffentlicht wurden, skizzieren die europäischen Anfänge der modernen epidemiologischen Politik anhand der öffentlichen Maßnahmen gegen die Pocken. In diesen Vorlesungen begründet Foucault seine Theorie der Bio-Macht als jene »spezifischen Strategien der Macht, die sich aus dem Verständnis des Menschen als Spezies herausgebildet haben«[4] und auf empirischer Wissenschaft, statistischen Vorhersagemodellen und der bewussten, präskriptiven »Normalisierung« in Richtung eines beispielhaften Ideals beruhen, was in diesem Fall heißt: Körper dazu zu bringen, der Norm, keine Pocken zu haben oder zu verbreiten, zu entsprechen. Die Pockenimpfung ist gerade deshalb von besonderem Interesse, da die »bestimmte, allgemein anwendbare Eigenschaft der Vakzination und der Variolation« es erstmals erlaubte, »das Phänomen dank der zu Verfügung stehenden statistischen Instrumente in Begriffen der Wahrscheinlichkeitsrechnung zu denken«.[5]

Foucault bestimmt vier innovative disziplinäre Grundbegriffe für die moderne medizinische Governance: den *Fall*, mit dem der Ansteckungsverlauf gemessen und prognostiziert wird; das *Risiko*, mithilfe dessen berechnet wird, wer am stärksten gefährdet ist; die *Gefahr*, mittels der die Variable ermittelt wird, die das Risiko mindert, einschließlich der verpflichtenden Impfung und der räumlichen Quarantänekontrollen (beispielsweise gesundheitsfördernde Lebensräume, Vorschriften für öffentliche Einrichtungen, Quarantänemaßnahmen); und die *Krise*, mit der die ansteigenden und abflachenden Infektionsbögen über einen längeren Zeitlauf modelliert und erklärt werden. In abgewandelter Form handelt es sich dabei auch heute noch um die wesentlichen Methoden. Sie setzen dabei auf die Präventivmedizin, zu der auch das Erreichen der Herdenimmunität mittels geplanter Verteilung der Impfungen gehört, wohingegen frühere Interventionen darauf abzielten, die Krankheit zu unterdrücken, indem der direkte Kontakt zwischen Infizierten und Nichtinfizierten verhindert wurde. Im Gegensatz dazu wurden bei den Interventionen, die Vakzination und Variolation in Anspruch nahmen, die kranken und gesunden Menschen als Gesamtheit aufgefasst und anschließend eine wahrscheinliche Erkrankungsrate in Abhängigkeit der Gruppen und Umstände, denen bestimmte Individuen angehörten, modelliert.

Wie Foucault darlegt, verlagert dieses epidemiologische Verfahren die letztgültige Autorität von den Anweisungen des Souveräns auf die fachkundige Verwaltung von Leben und Tod, die nun von einer völlig anderen und weitaus säkulareren Instanz beglaubigt wird. In Bezug auf Covid-19 konkurrierte eine positive Biopolitik jedoch einerseits mit einer populistischen Rückkehr zur souveränen Macht sowie andererseits mit der Altlast einer negativen Biopolitik. Vereinfacht ausgedrückt, fasst diese negative Biopolitik die Geschichte der Bio-Macht moderner epidemiologischer Interventionen als einen unterdrückerischen, hierarchischen und normalisierenden diskursiv-technischen Apparat auf, der zwar unablässig kritisiert, nicht aber aktiv bekämpft werden sollte. »Ungehorsam« gegen den Staat und dessen Macht/Wissen stellt sowohl das Projekt als auch das Ziel dar, sodass die Ergründung eines anderen Lebens Vorrang erhält, mitunter sogar vor vermeidbaren Todesfällen.

Laut vorherrschender Interpretation ergibt sich die Bedeutsamkeit von Foucaults Theorie (in der Regel) nicht aufgrund der »Rückwendung« auf die souveräne Macht, sondern aufgrund der unablässigen Befragung der Bio-Macht selbst. Das zieht eine Definition der Macht und damit auch der Biologie als ein differenzielles Beziehungsfeld nach sich, das mithilfe materiell-diskursiver Institutionalisierung Subjektivitätsweisen hervorbringt. Das eigentliche politische Ziel sind damit die hierarchischen und normalisierenden

Auswirkungen der Macht *als solcher*. Sobald also Machtverhältnisse erkannt werden, gilt es demzufolge, sie einer kritischen Dekonstruktion zu unterziehen (anstatt sie beispielsweise als technische Arbeitsteilung innerhalb einer komplexen Gesellschaft zu verstehen). Diese Lesart hat nun seit beinahe einem halben Jahrhundert einige der einflussreichsten geisteswissenschaftlichen Forschungsarbeiten inspiriert und geprägt.

Das Wohlgefallen daran hat zugleich jedoch zu einem lähmenden und trägen Konstruktivismus geführt, im Zuge dessen die kulturellen Kontingenzen, die beispielsweise den Rahmen für die Interpretation des menschlichen Körpers innerhalb der frühneuzeitlichen europäischen Medizin vorgaben, weniger entmystifiziert als vielmehr zum Grundbegriff der sozialen Epistemologie erhoben wurden. Die Wirklichkeit entschwindet zusehends, während das Beharren darauf, dass alles Diskurs sei, immer weiter an Boden gewinnt. Und bedauerlicherweise stellt sich in genau diesem Punkt die orthodoxe biopolitische Kritik der populistischen Rechten zur Seite. Beide wenden sich gegen die gesellschaftliche Fähigkeit, sich auf der Basis der besten verfügbaren Informationen im Hinblick auf die biologische Assemblage selbst sensorisch zu erfassen, zu modellieren und auf sich zurückzuwirken. In ihren extremsten Ausprägungen sprechen beide der politischen Performativität einen höheren Stellenwert als dem wissenschaftlichen Empirismus zu, beide scheuen den bloßen Gedanken an Objektivität, und beide behindern sich durch ihr lähmendes magisches Denken selbst. Die einen sehen in positiver Biopolitik eine widernatürliche Usurpation der Würde und

Tradition prädarwinistischer Kosmologien, die natürliche soziale Hierarchien durcheinanderwirbelt, während die anderen darin die Auferlegung eines quantitativen und positivistischen Fundamentalismus sehen, der künstliche soziale Hierarchien verfestigt. Trotz ihrer Gegensätzlichkeiten sind sie manchmal nicht zu unterscheiden, manchmal nehmen sie an denselben Kundgebungen teil, und manchmal sind sie sich ihrer Überschneidungen nicht einmal wirklich bewusst. Unterdessen treibt das Virus sein Unwesen.

Die extremistischsten Traumbilder einer solchen negativen Biopolitik zeichnen Philosoph:innen wie Giorgio Agamben aus, der diese bei einem (buchstäblichen) Vergleich von Flughafensicherheit und der Verwaltung in Auschwitz folgendermaßen umschrieb: Das »Verhältnis zwischen Bürger und Staat« geht einher mit der »Aufnahme und Erfassung des privatesten und *unmittelbaren Elements* [*der Subjektivität*]: das bio[politische] Leben der Körper«.[6] Auf Agambens Reaktionen auf die Pandemie werde ich in den folgenden Kapiteln noch ausführlicher zu sprechen kommen, doch zeigt sich uns hier bereits der Kern des Problems. In Wahrheit ist das biopolitische Leben der Körper nämlich weder privat, unvermittelbar noch subjektiv in dem Sinne, den Agamben ihm zuschreibt. So lautet das A und O der Epidemiologie.

Entgegen Agambens theologisch-phänomenologischen Vorlieben muss sich eine positive Biopolitik die realistische sowie materialistische Auffassung des menschlichen Körpers als einer biochemischen Assemblage wie auch die Auffassung der kollektiven menschlichen Intelligenz als einer einvernehmlich handelnden Kollaboration solcher

Geschöpfe zu eigen machen. Diese Kollaboration gründet auf Bewegungen zwischen dem Innen und Außen, auf multiplen Graden von Brutparasitismus und Symbiose, auf viralem Leben und dem wilden Durcheinander wechselseitiger Abhängigkeiten. Und die »Kollektivität« der Intelligenz ergibt sich daraus, wie wir diese Prozesse mittels technischer Abstraktion begreifen. Das ermöglicht es einer bestimmten intelligenten Spezies, nämlich uns, nicht nur Teil dieses Zustands zu sein, sondern auch, ihn zu konzeptualisieren und bewusst auf ihn zurückzuwirken.

Positive Biopolitik stellt den Rationalismus der Lebenden dar, nicht denjenigen der Toten. Sie ist ein politisches und philosophisches Bekenntnis zum Realen wider reaktionären Konstruktivismus und traditionalistischen Vitalismus. Die Vorstellung, dass das Leben zu mysteriös sei, um es zu begreifen, die natürliche Ordnung zu heilig, um damit herumzuspielen, und dass dies tatsächlich als Grundlage eines effektiven ethischen Medizinregelwerks ausreichen könnte, ist nichts als der Tagtraum einer behäbigen Klasse, die nicht tagtäglich durch Abwasserlandschaften und vorbei an entblößten Leichen waten muss.

5. Die Sensorschicht

Das epidemiologische Gesellschaftsmodell ist darauf angewiesen, über die tatsächlichen Geschehnisse Bescheid zu wissen. Eine kollektive Selbstkomposition muss die Welt sensorisch erfassen, um zulässige Modelle davon anfertigen zu können. Wie bei tierischen Organismen lässt sich auch hierbei das Denken physisch nicht wirklich von Wahrnehmung und Empfindung trennen. Auf der Ebene der Stadt oder eines Gesundheitssystems handelt es sich bei der sensorischen Erfassung zugleich auch um eine Schicht innerhalb eines biopolitischen »Stapels« [*stack*] unterschiedlicher Technologien, Institutionen und Verhaltensweisen.

Während der Pandemie stellten Tests und Rückverfolgungen zentrale Aspekte der »Sensorschicht« herrschender epidemiologischer Modelle dar. Gäbe es sie nicht, bestünden die Modelle aus nichts als Mutmaßungen – doch sind wir uns dessen bewusst? Dauerwerbesendungen für »Smart Cities« haben uns gelehrt, »Sensoren« lediglich als exotische, teure Chips wahrzunehmen, und manche gesellschaftspolitischen Ideen betrachten öffentliche Gesundheit nicht als technologische, sondern allein therapeutische Versorgung. Beiden entgeht ein wesentlicher Teil des größeren Ganzen.

Letztlich besteht keinerlei Unterschied zwischen Tests und Sensoren. Eine umfassendere Verfügbarkeit von Tests bedeutet eine akkuratere sensorische Erfassung, was wiederum genauere Modelle und damit eine bessere Reaktionsfähigkeit des Gesundheitswesens beinhaltet. Eine unzureichende Planung und mangelhafte Bereitstellung von Tests bedeutet unzulängliche Modellierungen und daher eine unzulängliche Governance. Städte, die sich für die erste Variante entschieden haben, haben die Prüfung bestanden und die Kurve effektiv abgeflacht. Städte, die zweite Variante für sich wählten, mussten Sportstadien in provisorische Leichenhallen verwandeln.

Eine geeignete Definition des Begriffs »Sensorschicht« verweist daher auf all die Möglichkeiten, mit deren Hilfe eine Gesellschaft sensorisch erfassen kann, was auf granularer wie ganzheitlicher Ebene vor sich geht. Daraus kann sie schließlich Modelle anfertigen, mit denen sie auf sich selbst zurückwirken und sich so selbst regieren kann. Wobei sich dieses Prinzip keineswegs nur auf die Pandemie anwenden lässt. Auch die Klimawissenschaft erstellt Modelle des Planeten anhand von Atmosphären- und Oberflächensensoren, aller Art ortsgebundener Thermometer und Monitoren, von Eiskernprobenarchiven und dergleichen mehr. Die Sensorikmomente, die daraus hervorgehen, sind allesamt kleine Informationsbröckchen, die dann zu Veränderungsmodellen beitragen.

Im Kontext der Pandemie umfasst die Sensorschicht den Zugang zu Tests, zur Diagnose, und gleichzeitig zeigt sie auch an, dass man ein Körper ist, der *zählt*. Denn von den Tests und von der sensorischen Erfassung ausgeschlossen zu sein bedeutet, nicht zu zählen. Schließlich gilt auch hier, dass fortschrittliche technische Mittel nicht das Gegenteil einer gerechten und wirksamen Pflege sind; die beiden bedingen einander in ihrer Funktion. Die ästhetische Dichotomie zwischen Hightech- und Hightouch-Formen der sensorischen Erfassung lässt sich nicht aufrechterhalten.

Die Sensorschicht besteht aus vielen verschiedenen Arten von Technologien und Begegnungen. Manche davon können überaus intim sein, manche äußerst viszeral, manche höchst distanziert, manche nichttaktil, manche unmittelbar, manche hochgradig vermittelt, aber alle tragen sie zum aggregierten Modell des unter Fürsorge stehenden Menschen bei.

Wenn Krankenpfleger:innen ihre eigene Gesundheit aufs Spiel setzen, um Fremde in der Klinik zu empfangen, ihnen ein Metallröhrchen in die Venen einzuführen, um Blut zu entnehmen und es für Untersuchungen vorzubereiten, dann ist all das die Sensorschicht. Wenn eine Arbeiterin an vorderster Front einen Infrarotscanner an die Stirn eines Gegenübers hält und dessen aktuelle Körpertemperatur protokolliert, ist das die Sensorschicht. Wenn eine Stadt ein medizinisches Testzentrum einrichtet, das in der Lage ist, Proben schnell genug auszuwerten, damit die Getesteten wissen, ob sie gesund sind oder nicht, dann ist das die Sensorschicht. Wenn keine Testkits zur Verfügung stehen und das Krankenhaus ein MRT verwendet, um den Patient:innen bei festgestellten Schäden an der Lunge mitteilen zu können, dass sie mit hoher Wahrscheinlichkeit mit dem Virus infiziert sind, ist auch das die Sensorschicht. Wenn all dies all jenen zur Verfügung steht, die gegebenenfalls gefährdet sind, dann handelt es sich auch dabei um die Sensorschicht. Wenn diejenigen identifiziert und geschützt werden, die das größte Risiko einer Begleiterkrankung tragen, und wenn die Berichtsprotokolle transparent, präzise und vertrauenswürdig sind, ist das die Sensorschicht. Wenn eines oder alle diese Elemente versagen oder marode sind, ist die Sensorschicht marode – und die Gesellschaft tappt im Dunkeln.

All diese Formen der sensorischen Erfassung stehen im Dienste einer *Modellabstraktion*, die nicht nur Statistiken, sondern auch soziale Beziehungen betrifft. Für das epidemiologische Gesellschaftsmodell zählt ein Körper und wird in dasselbe Aggregatmodell einbezogen, mithilfe dessen ein anderer Körper versorgt wird. Das klappt allein deshalb, weil die kollektive Aggregation, anders als eine laufende näherungsweise Bestimmung, ein präziseres Bild des Ganzen hervorbringt. Ein Virus kann man nicht sehen. Bei dem Modell handelt es sich also um ein kollektives Wissen, das sich nicht persönlich erfahren lässt.

Für all dies liegt eine Komposition, eine Choreografie sowie eine Koordinierung dieser disparaten Momente zu einem Ganzen vor. Gleichzeitig existiert dieses Modell nicht ohne die flüchtigen Momente, durch die die Welt sich selbst sensorisch erfasst, und diese Momente würden nicht über die Funktion und über das Profil verfügen, das wir von ihnen verlangen, wenn sie nicht zu einer Abstraktion zusammengefasst würden, die größer ist als sie selbst. Dafür werden Daten eher produziert als »extrahiert«. Das heißt, obwohl das Virus und die ihm zugrunde liegende biologische Wirklichkeit real sind, sind die Daten artifiziell; es handelt sich dabei eher um einen durch sensorische Erfassung erzeugten Sachverhalt als um eine bereits konstituierte, reife Entität, die es nur noch zu pflücken gilt. Es ist notwendig, Entscheidungen zu treffen, um zu strukturieren, was die Schicht wahrnehmen darf und was nicht, wobei die Konturen der Inklusion variabel sind und unterschiedliche Modelle und damit unterschiedliche Formen der Governance hervorbringen. Solch ein Modell ist nicht nur ein Bild dessen, was es über die Welt offenbart, sondern auch der Umstände seiner eigenen Konstruktion.

Inklusion bedeutet demzufolge also auch Exklusion. Dies gilt nicht nur für »Big Data«, sondern für all die Arten und Weisen, wie wir uns gegenseitig sensorisch erfassen, sowie für all die Arten an räumlicher Beziehung, die uns als Gesellschaft ausmachen. Sie erstreckt sich auch auf jene Fälle, in denen medizinische Versorgung ungleich und unangemessen verteilt wird, etwa wenn wohlhabende und alte Menschen auf Kosten der Armen und Jungen überversorgt werden. Die sich permanent wandelnde Frage, wie wir für uns selbst sorgen, wird vermittels Muster der relativen Zugänglichkeit und Exklusion beantwortet. Doch bedeutet Exklusion für das Modell auch Ausblendung: Wer nicht gezählt wird, der ist auch ungesehen.

Es ist äußerst schwierig, die Anforderungen, dass jede:r, und stets auf die richtige Art, gesehen wird, auszutarieren. Beobachtungsformen, die umgangssprachlich als »Überwachung« bezeichnet werden (wie beispielsweise Antikörpertests und Temperaturmessungen), stellen auch genau jene Mittel dar, mit denen sich die Menschen das Recht gesichert haben, gezählt und einkalkuliert zu werden: nämlich das Recht, getestet, gemessen, in Modelle übertragen zu werden. Eine postpandemische Politik muss diese Zusammenhänge sorgfältig und mit dem Ziel, die gesamte Gesellschaft angemessen einzubeziehen, erwägen. Irrtümer haben etliche Vor- und Nachteile. Wie ich noch näher ausführen werde, beansprucht die Forderung, die Illusion individueller Autonomie zu schützen, indem man die Verantwortlichkeiten bezüglich einer Ko-Immunität ablehnt, den Mantel der Bioethik zu Unrecht für sich.

Die Gestalt der Pandemie als soziales Faktum zeigt sich in der globalen gesellschaftlichen Mobilisierung rund um das als herrschende Variable betrachtete Virus sowie in der verzerrten Strukturierung von Zugang, Vulnerabilität und Verantwortung auf individueller, urbaner als auch planetarischer Ebene. Das heißt, die Sensorschicht erfasst nicht nur die Präsenz des Virus, sondern auch, wie es sich über die ungleichen Oberflächen der globalen Gesellschaft fortbewegt. Sie erfasst uns in unserem Sein und Nichtsein. Innerhalb der blinden Flecken spürt das Virus all die Arten auf, wie wir uns selbst und einander vernachlässigt haben.

Eines der Ergebnisse dieser Art von Biopolitik ist die irrational verzerrte Bereitstellung von Tests und Betreuung, wodurch die Sensorschicht sich schwerer tut, ein kohärentes Modell des kollektiven Risikos zu erstellen, was wiederum das Risiko verstärkt und somit das Fehlen eines brauchbaren Modells zu einem umso größeren Problem werden lässt. Im Gegensatz dazu würde die Architektur einer positiven biopolitischen Governance, die weitgehend dem Ganzen – ungeachtet der individuellen Position – Beachtung schenkt, nicht nur die Grundlage dafür liefern, wie man an der biopolitischen Gemeinschaft partizipiert, sondern auch dafür, wie sich die planetarische Gesellschaft vermittels einer solchen Partizipation und vermittels der Allgegenwärtigkeit und Universalität ihrer Dienste konstituiert.

Die Sensorschicht ist ein Mittel zur gesellschaftlichen Selbstverständigung, doch in Verbindung mit den Modellen, die sie hervorbringen kann, und der institutionellen Geltendmachung ihrer Implikationen instanziiert sie zugleich eine Art von kollektivem Immunsystem. Längerfristig gilt es deshalb, sich die Sensorschicht als Teil eines größeren epidemiologischen und biopolitischen Stapels im Dienste einer kollektiven Formation vorzustellen, als ein Mittel, mit dem sich die Gesellschaft nicht nur selbst erfasst und simuliert, sondern auch selbst konstruiert.

6. Modellsimulationen

Der epidemiologische Blick der Gesellschaft verschiebt unseren Sinn für Subjektivität von einem internalisierten zu einem, der etwa in Modellsimulationen externalisiert ist. Eine postpandemische Politik unterstützen solche Modelle am besten, wenn sie diese Externalisierung in ein Medium der kollektiven Selbstkomposition verwandeln. Gute Governance ohne gute Modelle stellt sich außerordentlich schwierig dar; sie führt zu abgestumpften, wenig aussagekräftigen Maßnahmen, wie zum Beispiel pauschalen Lockdowns anstelle von gezielten Interventionen.

Eine Gesellschaft kann nur auf der Grundlage jener Informationen auf sich selbst zurückwirken, die ihr vorliegen und die sie beherzigt. Während der Pandemie gebrauchten die Gesellschaften, die letztlich am besten davonkamen, ihre Sensorschicht, um verschiedene Modelle der sich verändernden Situation zu erstellen, auszutauschen und als Mittel zum Handeln zu verwenden. Andere Gesellschaften, die über keine tragfähigen Modelle verfügten, sie ignorierten oder verfälschten, sahen sich mit einer tödlichen Vernachlässigung konfrontiert, die teils aus Schockstarre, teils aus bewusster Untätigkeit im Namen einer Politik des Souveränitätsmythos und des kurzfristigen Eigeninteresses resultiert war.

Man denke zurück an die ersten Wochen und Monate der Pandemie und an all die Zeit, die man damit verbracht hatte, auf die Tabellen und Grafiken und Zahlen und Diagramme am Bildschirm zu starren, auf der Suche nach einem Anhaltspunkt dafür, was passiert war und was womöglich als Nächstes passieren sollte. Um damit zurechtzukommen, wurden wir kurzerhand zu Laienepidemiolog:innen und lernten, uns selbst dementsprechend wahrzunehmen. Indem wir anhand von Diagrammen ermaßen, wie tief wir bereits in der Klemme saßen, erlernten wir eine neue Darstellungsweise des Sozialen und damit eine neue Art, das, worum es sich beim Sozialen handelt, zu konzeptualisieren. Diese Sichtweise ist etwas, was uns bleiben wird.

Wir eignen uns verschiedene Methoden an, mit deren Hilfe wir uns in der Welt zurechtfinden, vom Tast- über den Gleichgewichtssinn bis hin zum Satellitentracking. Jede dieser Methoden prägt eine andere Art von Schnittstellenkultur. Manche Interfaces, wie etwa Karten-Apps, zeigen »dich« von außerhalb, und diese allozentrischen Orientierungen erfordern Beschlagenheit in quantitativen und schematischen Abstraktionen sowie die strategische Fähigkeit, sich darin zu verorten. Andere Interfaces, wie beispielsweise Ego-Shooter, richten die Welt um den Wahrnehmungspunkt des Betrachtenden herum aus und komprimieren die ganze Welt innerhalb des Tunnelblicks einer egozentrischen Navigation, bei der sich alles als ein sich permanent erweiternder Strom aus dem Nichts darstellt – ganz für dich allein.

Wie du dich selbst siehst, hängt davon ab, wie du die Welt siehst, und während einer Pandemie ist die Welt nun mal epidemiologisch und erhält ihre Konturen durch einen spezifisch visuellen Fachjargon darüber, was Risiko, Muster, Kurve, Vorhersage und Empfehlung ausmacht. Dabei ist stets eine Figur-Grund-Wahrnehmung am Werk. Uns selbst im Wesentlichen als den *Grund* zu betrachten, für den dieses Virus die *Figur* darstellt, schult uns, die Gesellschaft als eine Vereinigung ineinandergreifender und kaskadenförmiger Ursachen und Wirkungen zu betrachten, die zugleich distanziert und spürbar sind. Die Nachbilder dieser Modelle werden Teil einer Allgemeinbildung, vermittels derer wir die Situation instinktiv aufzufassen und uns selbst innerhalb einer immunologischen Allmende zu platzieren lernen. Dieses Umlernen wird auch nach der Krise noch Bestand haben.

Für eine postpandemische Politik müssen soziale Modelle akkurat und effektiv sein, um vertrauenswürdig zu sein: Sie müssen die ihnen zugrunde liegende Realität verbindlich darstellen, wozu eine inklusive Sensorschicht vonnöten ist. Damit sie jedoch auch als Medium für die gesellschaftliche Selbstkomposition herhalten kann, dürfen die Modelle nicht bloß die Wirklichkeit widerspiegeln – sie müssen zugleich in der Lage sein, in diese einzugreifen und sie zu verändern. Modelle stellen nicht nur ein Mittel dar, mit dem wir lernen, uns selbst innerhalb eines pandemischen Ganzen zu sehen, sondern zunehmend jene Mittel, durch die sich die Gesellschaft selbst zusammensetzt. Es handelt sich bei ihnen also um die zentrale soziale Technologie positiver Biopolitik.

Die Granularität des Modells, das heißt, wie akkurat es selbst im kleinsten Bestandteil ist, ist wichtig, aber nicht, weil eine positive Biopolitik Allwissenheit bedarf. Der Allwissenheit kommt keine so wichtige Rolle wie der Heuristik zu: Wird das funktionieren? Bildet dieses Modell ab, was wirklich von Belang ist? Wird es die beabsichtigte Wirkung zeitigen? Bei einer perfekten Simulation der Welt, die nicht auf ihren Gegenstand einwirken kann, handelt es sich nicht um ein Medium der Governance, sondern um eine bloße Spielerei. Allerdings haben Modelle mit niedriger Auflösung, denen nur geringes Zutrauen entgegengebracht wurde (nicht anders als bewusst unzureichend vorbereitete Gesundheitssysteme), dazu geführt, dass das unausgegorene Instrument des umfänglichen Lockdowns erforderlicher wurde, als es andernfalls nötig gewesen wäre. Es stimmt zwar, dass »es nicht die Zahlen sind, die bluten, sondern die Menschen«, doch gleichermaßen richtig ist, dass schlecht berechnete Zahlen zu vermehrten Blutungen führen.

Insofern hängt die Architektur einer tragfähigen postpandemischen Biopolitik von der Reichweite, Aussagekraft und Angemessenheit ihrer Daten ab, die allesamt auf eine wohlarrangierte Sensorschicht angewiesen sind, die wiederum in der Lage ist, die Implikationen ihrer Modelle durchzusetzen. Worin also besteht das Problem? Es mangelt nicht an technologischem Know-how oder an Kapazitäten. Vielmehr liegt es daran, dass wir die Technologien, auf die derartige Modelle angewiesen sind, für weitaus weniger wichtige Dinge einsetzen (Werbung, Auseinandersetzungen, Monetarisierung von Affekten usw.), insbesondere in den letzten Jahren der Konjunktur populistischer Politik. Womöglich handelt es sich bei derartigem Gebrauch dieser Technologien und dem Aufstieg des Populismus sogar um ein und dieselbe Sache, wird doch durch das hyperreduktive Format des sich selbst verstärkenden individuellen Benutzerfeeds ein falsches Gefühl von Subjektivität konstruiert, zurechtgestutzt und verstärkt.

Mit anderen Worten: Die Möglichkeit, diese Technologien zugunsten einer positiven Biopolitik einzusetzen, wird durch die Nachfragestrukturen eines kurzsichtigen Kapitals verhindert, das sich auf politische und oberflächliche Kulturen der *Hyperindividuation* stützt. Das Problem liegt daher weniger in der quantitativen Modellierung selbst als in dem, was wir ihr sonst noch abverlangt haben und den Gründen für diese Entwicklung. Das muss und lässt sich ändern. Damit dies aber geschieht, muss es, insbesondere im Westen, zu einer Neubestimmung der kulturellen Wertigkeit des sensorischen Erfassens und dem, was »Überwachung« genannt wird, kommen.

7. Überwachung ist nicht das richtige Wort

Eine der anspruchsvollsten Aufgaben bei der Bewältigung der Pandemie stellte die Entwicklung und Bereitstellung von Plattformen zur Verfolgung und Rückverfolgung (*tracing* und *tracking*) von Infektionen dar, wozu nicht allein Handy-Apps gehören, sondern auch zehntausende Sozialarbeiter:innen, die von Angesicht zu Angesicht und Stunde um Stunde Infektionsvektoren überprüfen und rekonstruieren sowie Quarantäneforderungen geltend machen. Im Wesentlichen erwiesen sich derartige Bemühungen im Westen als chaotisch wie umstritten. Anderswo hingegen war das nicht immer der Fall. Im Anschluss an SARS-2 hatte Taiwan systematisch Vorbereitungsmaßnahmen getroffen und war somit in der Lage, mithilfe einer Kombination aus High-Tech und High-Touch effektiv Rückverfolgungen durchzuführen und die Quarantänebemühungen einfach durch Triangulation von Mobilfunkmasten zu unterstützen. Dies erforderte ein Maß an Koordination und Folgebereitschaft, das in anderen Ländern wohl außerhalb jedweder kulturellen und politischen Möglichkeit liegt.

Die Kontroversen in vielen westlichen Ländern im Hinblick auf das Tracking beruhten auf der Befürchtung, private Plattformen würden sich des Deckmantels des Ausnahmezustands bedienen, um ihre Krallen tiefer in die

Privatsphäre ihrer User:innen zu schlagen. Dies führte sowohl zu ernsthaften Debatten darüber, wer die digitalen Produktionsmittel errichten sollte, als auch zu unseriösen Wortgefechten, basierend auf Gerüchten und Unterstellungen. Das Trauerspiel des stümperhaften Versuchs Großbritanniens, eine App für diesen Zweck zu entwickeln und einzusetzen, bildet an sich bereits einen kleinen Skandal. In den Vereinigten Staaten arbeiteten Google und Apple, die Produzenten der beiden meistgenutzten mobilen Betriebssysteme, gemeinsam an einer auf verschlüsselten Bluetooth-Signalen basierenden Infektionstracing-App, doch die Reaktion auf Bundesebene sowie diejenige der fünfzig Staaten fiel jeweils so dermaßen »souverän« aus, dass es zum Zeitpunkt der Niederschrift noch nicht einmal möglich war, die Fallzahlen auf ein Niveau zu bringen, bei dem eine koordinierte, App-gestützte Kontaktverfolgung überhaupt helfen könnte. Das politische System hat sich niemals genug zusammengerissen, damit die App tatsächlich hätte nützlich sein können. Die Erwartungen an die Dynamik zwischen US-amerikanischen Cloud-Plattformen und europäischer Tech-Hoheitsgewalt im Anschluss an die Datenschutz-Grundverordnung wurden auf den Kopf gestellt, als Google und Apple mehrere Anträge der Europäischen Kommission ablehnten, die Anonymität ihrer App zu *lockern*, da dies ihre User:innen Datenschutzlücken aussetzen würde.

Hier nun wurde nicht nur zwischen einem System abgewogen, das seine Funktion als epidemiologische Technologie ordentlich erfüllt, und einem, das die Öffentlichkeit tatsächlich herunterlädt und verwendet. In diesem Fall stoßen wir zudem auf eine Diskrepanz zwischen legitimen, wenn auch kostspieligen Vermutungen, Bedenken und Leugnungen dessen, wie die Technologie in Wirklichkeit funktioniert, und dem, wie Menschen sich *vorstellen*, dass die Technologie funktionieren müsste. Die auf zwar thematisch konsistenten, jedoch irrigen Annahmen beruhenden Vorstellungen werden häufig sowohl von Mainstream- als auch von abseitigeren Medien befördert: Die Tracing-Apps seien direkt mit dem persönlichen E-Mail-Postfach oder Reisepass verknüpft, griffen irgendwie auf die Handykamera zu oder fügten den Namen der Userin einer speziellen permanenten Datenbank der Regierung hinzu und so weiter. Addiert man dies zu dem eigentlichen Chaos der Rollouts, dürfte es kaum mehr wundern, dass die Leute wenig begeistert davon sind. Die verwirrende Vielfalt der weltweit genutzten Tracing-Apps würde es allen außer den engagiertesten Trackingspezialist:innen unmöglich machen, sich ein klares Bild zu verschaffen.

Doch wenn die öffentliche Wahrnehmung auf kultivierter Paranoia gründet, wird das Hypothetische zum Faktischen. Und die Politik schließt sich dem nahtlos an. Wenn sich allerdings die öffentliche Debatte nicht um die Vorzüge und Schwächen tatsächlich existierender Technologien, sondern um deren mythologische Alter Egos dreht, dann hat dies zur Folge, dass die eigentlichen Technologien in der Öffentlichkeit kaum mehr offen und unmittelbar diskutiert werden, sondern eben nur mehr ihre gruseligen Doppelgänger.

In derartigen Schauergeschichten werden nicht nur innerstaatliche Szenarien aufgeworfen, sondern auch abenteuerlich fehlinformierte Hinweise darauf, wie vergleichbare Ansätze, insbesondere in asiatischen Ländern, zum

Einsatz kamen, finden darin ihren Platz. So werden im Westen die Lehren aus der vergleichenden Regierungsführung sowie die Art und Weise, wie in Ländern wie China, Taiwan, Singapur und Vietnam reagiert wurde, ebenfalls durch eine verzerrte Linse betrachtet. Die hartnäckigen Tropen, dass das Virus selbst »chinesisch« sei, dass es möglicherweise absichtlich in einem chinesischen Biotech-Labor gezüchtet worden sei, dass es womöglich etwas mit 5G zu tun habe, dass es uns dazu zwinge, Schutzanzüge aus einem Science-Fiction-Film zu tragen, dass »in China« die Maßnahmen der Regierung nahezu unvorstellbar dystopisch und unmenschlich seien und so weiter, beschränken sich nicht bloß auf die Ränder des westlichen biopolitischen Diskurses. Auch nahe dem Zentrum findet man sie. »China« fungiert dabei als abschreckendes Beispiel – aber wovor? Anzumerken gilt es zugleich, dass auch die chinesischen Staatsmedien ihrerseits eine eigene Mauer aus propagandistischem Unsinn aus Selbstbeweihräucherung und willkürlichen Schuldzuweisungen errichtet haben.

Mittlerweile wird China aus westlicher Perspektive dermaßen stark mit Technologie assoziiert, dass *Ängste vor Technologie in eine generelle Angst vor China transformiert werden*, und bis zu einem gewissen Grad geschieht dies auch umgekehrt. Überholte orientalistische Vorstellungen bieten falsche Lesbarkeit und Komfort für eine westliche Traumwelt, in der die Kehrseite sinofuturistischer Fantasien darin besteht, dass die Angst vor Technologien zur Angst vor Asien wird. Die Hardcore-Version dieses Narrativs ist die Evolution der alten »Gelben Gefahr« zu neuen Wellen emotionsloser Roboter. Fügt man dem ein psychologisch äußerst destabilisierendes Ereignis wie die Pandemie sowie die Störung eines reinen Gefühls von Handlungsmacht und Subjektivität in Bezug auf die epidemiologischen Anforderungen hinzu, erscheint dieses Resultat gar nicht mal so unerklärlich.

Derartigen Verkennungen sollte von der postpandemischen Politik eine Absage erteilt werden, auch wenn die weitsichtigen Forderungen nach einer positiven Biopolitik nicht unumstritten – ob berechtigt oder nicht, sei dahingestellt – sind. Die negative Biopolitik beruht auf der allzu verbreiteten Auffassung, dass alle auf gesellschaftlicher Ebene stattfindenden Formen von sensorischer Erfassung, Modellierung und Governance im Grunde genommen Formen einer schädlichen »Überwachung« seien und ihnen unter diesen Bedingungen folglich entgegengewirkt werden müsse. Entsprechende libertäre Positionen fußen auf der Vorstellung, dass Individuen zunächst in einem Zustand der eigensouveränen Freiheit existieren und erst später von der Technologie oder einer kollektiven Repräsentanz »eingefangen« würden. Viele Reaktionen hingegen gründen auf einer vollkommen angemessenen Kritik an großen, privaten Plattformen, deren manipulierte Modelle die Gesellschaft als allein aus hyperindividualisierten User:innen-Profilen und Vorhersagen bezüglich ihrer nächsten Begierden, Klicks, ihres Wahl- oder Einkaufsverhaltens zusammengesetzt sehen.

Auch wenn sich libertäre Einstellungen sowohl aufseiten der politischen Linken als auch auf jener der politischen Rechten finden, stehen sie sämtlich im unmittelbaren Gegensatz zu dem epidemiologischen Gesellschaftsmodell, das nicht auf der Ebene der Individuen ansetzt, sondern auf der Ebene dessen, was diese miteinander verbindet. Es ist jedoch unwahrscheinlich, dass eine gerechte und effektive Biopolitik, derer es für eine Politik nach der Pandemie bedarf, entstehen kann, wenn weitreichende sensorische Erfassung und Modellierung als ungerechtfertigte »soziale Kontrolle« abgetan und bekämpft werden. Denn der übermäßige Gebrauch des Begriffs »Überwachung« ist sowohl politisch hemmend als auch intellektuell unredlich.

Höchstwahrscheinlich hat die Pandemie die Art und Weise verändert, wie wir Sensorik und Modulation definieren, interpretieren, diskutieren, anwenden und uns dagegen wehren. Vielleicht aber auch nicht. So hat etwa ein anderer, in Deutschland lebender Technologietheoretiker, als das Virus erstmals Europa erreichte, mir gegenüber geäußert, dass die Menschen sich weigern sollten, sich auf das Virus testen zu lassen und dadurch zu den epidemiologischen Modellen beizutragen, da die Duldung dieses Regimes langfristig bloß die invasive Normalisierung der »Big-Data-Biopolitik« fördern würde, die seiner Meinung nach letztendlich untrennbar verbunden sei mit Eugenik, kolonialzeitlichem Sklav:innenhandel, KI-Bias und der Folterung der Uigur:innen. Stolz erzählte er, er habe sogar seinen Studierenden gesagt, sie alle sollten die *Tests verweigern*, und als ich kürzlich bei ihm nachfragte, hielt er immer noch an dieser Position fest.

Bescherte ihm ein solcher Gedankengang in den letzten Jahren noch ein großes Publikum, dürften ihm heute immer weniger auf diesem Pfad folgen. Dass »Überwachung eigentlich gut ist«, erkennen die meisten davon zwar nicht an, aber immerhin, dass das ungenutzte positive Potenzial derjenigen Technologien, auf die sie angewiesen ist, Aufmerksamkeit und eine überfällige Umsetzung verlangt. Diese Technologien ließen sich für weitaus wichtigere Dinge einsetzen als beispielsweise für Racial Profiling oder die Erstellung individueller Verbraucher:innenmodelle, um vorhersagen zu können, welches Video sie aller Voraussicht nach als Nächstes anklicken werden. Für die postpandemische Biopolitik gilt es, die notwendigeren Zwecke zur Berechnung im planetaren Maßstab, die ignoriert, übergangen oder verdrängt worden waren, wieder an erste Stelle zu setzen.

Der epidemiologische Blick der Gesellschaft und die Wirkmacht von Modellsimulationen verändern, wie man über derlei Angelegenheiten spricht. Die Debatte wird durch die Pandemie keinesfalls einfacher, doch auf bedeutsame Weise ausgeweitet. Dabei zeigt sich, dass es ein Fehler ist, alle Formen der sensorischen Erfassung und Modellierung als »Überwachung« sowie jegliche Formen der aktiven Regierungsführung als strafenden Zwang zu interpretieren. Wir benötigen ein anderes und differenzierteres Vokabular.

Neben dem Recht auf angemessenen Schutz der Privatsphäre gibt es auch das Recht und die Pflicht, gezählt zu werden. Und für die postpandemische Politik ist Inklusivität unerlässlich. Wie gesagt: Gerechte Systeme sind auf die Genauigkeit ihrer Modelle angewiesen, da das Risiko stets ein kollektives ist. Wie jedoch gegenwärtige Kontroversen in Bezug auf Staatsbürgerschaft und Volkszählung zeigen, werden bestimmte Stadtteile, bestimmte Bevölkerungsgruppen, bestimmte Arten von Einwohner:innen, bestimmte weniger sichtbare Personen, Orte und Prozesse nicht ausreichend gezählt, nicht ausreichend gemessen, nicht ausreichend berücksichtigt, ja noch nicht einmal ausreichend benannt und sind hinsichtlich dessen, was ihnen zusteht, funktionell unsichtbar.

Um sich diesem Punkt ernstlich zu widmen, lohnt es sich, Fragen zum kritischen Diskurs der »Anti-Überwachung« zu stellen. Bisweilen hat es den Anschein, als sei der Begriff »Überwachung« nicht nur für libertär-anarchistische Idealist:innen, sondern auch für die westliche politische Kultur im Allgemeinen, über das gesamte politische Spektrum hinweg, einschließlich der selbstgefälligen Mitte, zu einem fast unantastbar *negativen Konzept* aufgestiegen. Er kann als Grundsatz fungieren, um den herum ganze Weltanschauungen bezüglich Technologie, Globalismus, Stadtplanung sowie der fiktiven Autonomie der eigenen Identität kreisen. Ganzen Kunstbiennalen, Softwarebewegungen, Dokumentarfilmen auf Streamingplattformen als auch politischen Parteien verleihen so verschwommene wie unumstößliche Vorstellungen von »Widerstand« gegen Überwachung Glaubwürdigkeit, und für die übergeordneten Ziele der meisten davon hege ich ehrlich gesagt sogar Sympathien. Wenn aber das eigentliche Konzept aufgeblasen und immer weiter getrieben wird, um Gott und die Welt zu *erklären*, darf sich niemand wundern, dass die Überwachungsblase platzt, sobald präzisere Konzepte auftauchen, um der sensorischen Erfassung, Modellierung und Vorhersage Bedeutung zu verleihen.

Ein alter Spruch passt hier womöglich ganz gut: Im Westen liest man als Jugendliche:r entweder George Orwells *1984* oder Ayn Rands *Atlas Shrugged* und meißelt sich so die eigene politische Einstellung in Stein. Bei beiden Werken handelt es sich um Romane aus der Zeit des Kalten Kriegs, in denen es um ein selbstbestimmtes Individuum geht, das seine ihm geraubte Handlungsmacht zulasten einer unerwünschten Beobachtung und Einmischung des großen sozialen Anderen wiedererlangt. Freiheit bedeutet Freiheit von Überwachung, und daher widersetzt sich das heroische Individuum der unterdrückerischen und allgegenwärtigen gesellschaftlichen Manipulation, um schließlich seinen alleinigen existenziellen Triumph zu erringen. Diese Themen sind tief verwurzelt und der Grammatik der westlichen politischen Vernunft über das gesamte ideologische Spektrum eingeschrieben. Kein Wunder also, dass den Vereinigten Staaten bei der Entwicklung von Sensor- und Modellierungsinfrastrukturen im planetarischen Maßstab dermaßen klar vor Augen stand, wie diese rezipiert und zu gestalten sein würden.

Stellen wir den beiden genannten Büchern jenes von Foucault zur Seite, von dem jede:r Studierende behauptet, es gelesen zu haben – *Überwachen und Strafen* –, dann dürfte um einiges klarer werden, welchen spezifischen Beitrag die Philosophie zu dem Ganzen beiträgt. Die umständlich erzählte Geschichte der Formierung der gefährdeten Subjektposition des Gefangenen als Objekt der Gefängnislogistik hat sich im Laufe ihrer Nacherzählungen zu folgendem berüchtigten Meme entwickelt: »Fabriken sind wie Gefängnisse! Schulen sind wie Gefängnisse! Gefängnisse sind wie Gefängnisse!« Natürlich muss die postpandemische Biopolitik Menschen, deren öffentliches Image auf der tiefsitzenden Angst vor der algorithmischen Voreingenommenheit (die durchaus real ist) beruht und die dennoch keinen einzigen Algorithmus nennen können (A*-Algorithmus? Die schnelle Fourier-Transformation? Gradientenabstiegsverfahren?), inkludieren, nicht exkludieren. Aber wenn sie nicht einmal wissen, was ein Algorithmus ist, und dennoch willens sind, auf die Straße zu gehen und einzufordern, dass er »gefickt« wird, dann mögen sie instinktiv zwar nicht ganz falsch liegen, aber die zuhandenen Diskurse gehen an ihnen fehl.

Wie jede große und vage Idee unterliegt auch die »Anti-Überwachung« dem Ertragsgesetz des Zerfalls in immer stumpfsinnigere Überzeugungen. Eine Pro-forma-Sterilität der Kritik wirkt letztlich bloß mühsam und demoralisierend. Händeringende, zu gleichen Teilen mürrische wie hysterische, obsessive wie ignorante, radikale wie reaktionäre Meinungsbeiträge darüber, »was die Technologie mit uns macht«, sind lediglich Nachhall eines nervtötenden und unglaubhaften Moralisierens über die zeitgenössische digitale Etikette. Ihnen geht es weniger darum, kumulative Auswirkungen abzuwägen, als vielmehr um die Sicherstellung, dass man sich nicht persönlich an abseitigen Übeln mitschuldig macht, die auf offensichtlich falschen Vorstellungen darüber beruhen, wie die Relais transitiven Schadens zwischen dem Moment der Datenerfassung und der anschließenden Nutzung tatsächlich funktionieren. Es handelt sich um eine Politik des Ressentiments, die sich an der Schicklichkeit persönlicher Identität orientiert, wie sie von dem, was die polnische Autorin Bogna Konior die »angelsächsische Ludditenaristokratie« nennt, einberufen wird. Doch ein anderes Projekt ist möglich.

Manipuliertes Aufmerksamkeitskapital gegen infrastrukturellen Zugang auszutauschen, stellt nicht unbedingt einen idealen Weg dar, um technische Berechnung für eine planetarische Gesellschaft zu organisieren. Doch wie die Pandemie unmissverständlich gezeigt hat, sind es robuste und integrative Modelle, die es einer kompetenten Gesellschaft ermöglichen, sich selbst zu verstehen und zusammenzusetzen. Für eine postpandemische Biopolitik gilt es daher, den Zirkelschluss und Teufelskreis aus »Überwachung vs. Anti-Überwachung« durch ein polychromatischeres Vokabular zu ersetzen, damit eine vollkommen andere Weise der Modellierungsproduktion verwirklicht werden kann.

8. Wofür 5G steht

Jedwede vorausschauende Konzeption der postpandemischen Politik muss stets mitbedenken, was bei der Pandemiepolitik nicht nur auf der Ebene der offiziellen Regierungen, sondern auch in der breiten Öffentlichkeit so schrecklich schiefgelaufen ist. Von 5G-Verschwörungstheorien über Maskenproteste bis hin zu selbstzerstörerischen Superspreader-Events, die die Wirtschaft im Lockdown-Würgegriff halten – zwischen rationalen Richtlinien und dem, was Menschen denken und tun, klafft ein gefährlich großer Spalt. Diese Diskrepanz wird sich nicht von selbst in Wohlgefallen auflösen, sobald das Virus seinen Lauf genommen hat. Schließlich ist sie nicht nur beispielhaft für das *annus horribilis* 2020 – sie ist vielmehr integraler Bestandteil der westlichen Reaktion auf die Pandemie und der dadurch deutlich werdenden Realitäten. Im Zusammenhang mit der angespannten Politik der Überwachung stellt sich daher im Windschatten der Verschwörungstheorie, die den Default-Modus folkloristischer Politik bildet, die schwierige Frage, welche Strukturen der sensorischen Erfassung und technischen Berechnung im planetarischen Maßstab im Gegensatz zu den derzeitigen angemessen sind.

Das Problem sind nicht bloß ein paar Verrückte. Die Zahl der Menschen, die man kennt, die sich aus völlig fadenscheinigen Gründen weigern oder geweigert haben, sich impfen zu lassen, dürfte überraschen, wenn nicht gar schockieren. Aber was ist da eigentlich los? Der Glaube an Verschwörungstheorien wird von mehreren ineinandergreifenden Motiven befeuert: *epistemischen* (das eigene Verständnis dessen, was vor sich geht), *existenziellen* (das Gefühl, sicher zu sein und die Kontrolle zu haben) sowie *gesellschaftlichen* (die Wahrung eines positiven Bildes von sich und der eigenen sozialen Gruppe). Das alles sind überaus vernünftige Dinge, von denen man erwarten kann, dass die Menschen versuchen, sie beizubehalten – die Kluft zwischen Realität und subjektiver Affirmation aber bringt mit sich, dass man sich für eins davon entscheiden muss.

Ich behaupte, dass das eigentliche Problem nicht in den Offenbarungen des Realen liegt und in dem, was sie über das Funktionieren der Welt aussagen, sondern darin, dass die Menschen von jenen Forderungen nach Selbstaffirmation heimgesucht werden. Um es noch einmal zu sagen: Bei der menschlichen Welt handelt es sich um eine epidemiologische und informationelle Verstrickung; wir *müssen aufhören, die Menschen verrückt zu machen* mit der Forderung nach totaler individueller Autonomie, genauso wie wir aufhören müssen, Individualität mit Subjektivität, Subjektivität mit Identität und Identität mit Handlungsmacht gleichzusetzen, sodass die Infragestellung des einen die Infragestellung von allen ist. Das ist vollkommen wahnsinnig. Niemand kann damit fertigwerden.

Die Pandemiepolitik wird – neben anderen Dingen – vor allem wegen der 5G-Verschwörungstheorie in Erinnerung bleiben, die die Infektionen auf die Installation von Transmittern für Millimeterwellen-Mobilfunknetze zurückführte. Die Theorien und Reaktionen umfassten schaurige Verweise auf Tests in Wuhan, brennende Mobilfunkmasten, pseudowissenschaftliche Gerüchte über Tumore, Belästigung von Wartungspersonal, Tweets von Promis, die ganz suggestiv »bloß Fragen stellen« wollen, und zu guter Letzt fließende Übergänge und Konvergenzen mit anderen Formen der reaktionären epidemiologischen Biopolitik der Anti-Impf- und Anti-Masken-Bewegung.

Es handelt sich hier um den »Nocebo-Effekt« in seiner ganzen Pracht. Das allgemein schwelende Gefühl, dass unsere Identitäten aufgrund der Beschleunigung »des Systems« »gestohlen« würden, erinnert entfernt an die Befürchtung, dass die Fotografie die Seele ihrer Motive absorbieren könnte, und verknüpft die *ungleich schnellere* Bandbreite für ego-korrosive soziale Medien von 5G mit den entsubjektivierenden Anforderungen der pandemischen Öffentlichkeitspolitik – was einige Menschen den Verstand verlieren lässt. Für einige wenige dieser Vorreiter:innen beinhaltet ein Impfstoff daher logischerweise einen »Chip«, der letzten Endes in die biologische Person einfallen, sie kolonisieren und dadurch ihre zerbrechliche Integrität in einer nicht hinnehmbaren Gemengelage auflösen werde.

Die Grenze zwischen dem Rationalen und dem Irrationalen ist real, aber streckenweise nicht leicht auszumachen. Während ein Supermarkt wie Whole Foods Market diese Unsicherheit ausnutzt, um »chemikalienfreies Wasser« zu verkaufen, lässt die populistische Rechte auf zynische Weise die politische Instrumentalisierung der symptomatischen paranoiden Schizophrenie zur Massenmobilisierungsstrategie werden. Die Überschneidung von Verschwörungstheorie und Anti-Überwachungsgeschichten reicht weiter zurück als *Die Versteigerung von No. 49*, *Dr. Seltsam*, Victor Tausk und seinen »Beeinflussungsapparat« oder die Illuminaten-Panik. Die beiden entspringen derselben Wurzel. Weitaus beispielloser ist da schon die heutzutage stattfindende rapide und kontinuierliche Regularisierung derartiger Ideen zu einer globalen Folk-Politik, die reale und hässliche Folgen zeitigt. Die Polizei des US-Kapitols kann Lieder darüber singen.

Bereits zu Beginn der Pandemie rief diese umnachtete soziale Bewegung zu massiven Anti-Lockdown-Protestveranstaltungen in London und Berlin auf, bei denen eine kakofonische Menagerie aus Libertären, prominenten Impfgegner:innen wie Robert Kennedy, Jr., Steve-Bannon-Trupps, echten Nazis, New-Age-Yogalehrer:innen, Anarchist:innen, Befürworter:innen der »Gesundheitsfreiheit«, Verschwörungstheoretiker:innen vom Schlage David Ickes oder Piers Corbyns sowie womöglich auch ein paar der eigenen Freund:innen und Bekannten ihren gemeinsamen Nenner fand. Worum aber handelt es sich bei diesem Nenner? Es handelt sich um eine sich selbst hochschaukelnde *Ablehnung der säkularen Biopolitik*. Für viele mag dies auch bedeuten, die Versuche rechtspopulistischer Anführer, die souveräne Macht über aufmüpfige Moleküle und virale Organismen wiederzugewinnen, zu rechtfertigen; für alle aber bringt es einen radikalen Sozialkonstruktivismus mit sich, in dem sich verschiedene fiktive Subjektivitäten (die Nation, das Individuum, die persönliche Freiheit, die mystische Eingebung usw.) weigern, sich der Realität, in die sie eingebettet sind, zu fügen, entspricht sie doch nicht dem, was sie wahrzunehmen wünschen – auch wenn diese Wünsche eng an Ängste gekoppelt zum Ausdruck kommen.

Ihre Angst ist regelrecht greifbar. Die gesellschaftlichen und existenziellen Motivationen für diesen symptomatischen Strang der pandemischen politischen Kultur lassen sich zumindest teilweise auf die aufrichtig bizarre Erfahrung der Pandemie selbst zurückführen, und ganz sicher auch auf die Art und Weise, wie der epidemiologische Blick der Gesellschaft und die politische Logik der säkularen Biopolitik etliche andere Realitätsanforderungen erschreckend irrelevant werden lassen. Beängstigend ist dies für alle, doch ganz besonders für sie.

Verbinden wir diese Fehleinschätzungen nun miteinander, eröffnet sich uns ein Muster des imaginierten Rückzugs aus einer Welt, die durch technologische Vermittlung kontaminiert und somit für all die Obengenannten *auf die falsche Weise* totalitär geworden ist. Sie sind überzeugt davon, dass die Welt mittlerweile versucht, ihren Körpern schweres Leid zuzufügen, hat sie doch schließlich bereits ihrem Sinn für Wirkmacht und Identität einen schweren Schlag versetzt. Die Radikalisierung innerer Gegennarrative, die epistemische, existenzielle und soziale Geborgenheit bieten, wird durch eine radikale, sich gegen bloße »Beweise« behauptende Fantasie untermauert: Ihre inbrünstige Politik besteht darin, einer vom epidemiologischen Realismus unterminierten Weltsicht militant treu zu bleiben.

Die ultimative Behauptung dieser in die Enge getriebenen Position lautet nicht einfach, dass ihr jeweiliges subjektives Weltgefühl das beste sei, sondern dass die Souveränität der individuellen Subjektivität selbst darüber entscheiden solle, was wahr und real sei, da sie *intrinsische Gültigkeit* besitze. Dieser Anspruch erfolgt weniger im Namen dieser oder jener spezifischen Überzeugung; vielmehr handelt es sich um einen Widerstand im Namen der Überzeugung selbst, und zwar um einen Widerstand gegen eine Welt, in der jede:r von uns – entsetzlicherweise – »bloß« biologisch ist. Das ist es, was diese seltsame Koalition zusammenschweißt. Sie sind diejenigen, für die die kopernikanische Revolution ins Stocken geraten ist.

Mit Sicherheit wird der intensiven Verquickung von Identität, Subjektivität, Handlungsmacht und Individualität durch die pawlowsche Ökonomie der sozialen Medien Nachdruck verliehen, in denen jedwede Laune und jedwedes oberflächliche Verlangen dazu dient, sich ein immer kleiner werdendes persönliches Universum zurechtzuzimmern, das jeglichen Blick auf das, was und wer auf der anderen Seite der Blase steht, verzerrt. Das stellt nicht nur für »diese Leute« ein Problem dar, sondern ist, wie gesagt, geradezu endemisch für einige Versuche des Mainstreams, sich mit den Zwecken und Funktionen von Sensor- und Modellierungstechnologien auseinanderzusetzen. Um dies klarzustellen: Ich bin keineswegs ein Apologet monopolistischer digitaler Monokulturen und habe fast ein Jahrzehnt damit verbracht, alternative Modelle dafür zu entwickeln; wenn die Presse und die akademische Welt aber beispielsweise »Bill Gates«, »Google« sowie die offenkundig jüdischen »Zuckerberg« und »Sergey Brin« reflexhaft als Teil eines Neue-Weltordnung-artigen Übergriffs auf die physische und geistige Reinheit von Nationen und Völkern *verteufeln*, komme ich nicht umhin, ein leichtes Unbehagen zu verspüren. Wie alle anderen schrecke ich vor dem zurück, was aus Facebook geworden ist, doch ab einem gewissen Punkt schlägt kritische Theorie in Paranoia um.

Verschwörungstheorie bedeutet *Apophänie als Politikwissenschaft*; sie nimmt Ursachen und bewusste Agenzien wahr, wo allein wahrlich beängstigende Systemfehler vorherrschen. Die Zerstörung der gesellschaftlichen Selbstverwaltung vermittels Populismus in der neoliberalen Ära hat dazu geführt, dass Gesellschaften zugleich komplexer als auch weniger willens und fähig wurden, sich selbst bewusst zu begreifen. Ohne dass es überraschen dürfte, ist nämlich für viele die Vorstellung, dass das Fehlen einer tragfähigen systemischen Kontrolle dieses Chaos verursacht hat, regelrecht unerträglich, und so sucht man Trost in abenteuerlichen Mobilisierungen gegen fremde Eliten. Insofern, ja: Verschwörungstheorien und Pandemiepopulismus sind einerseits eine Art alternative *Modellsimulation* des Ganzen und andererseits Bestrebungen, Globalität und Planetarität auf einen Schlag geistig zu erfassen, aber nur unter jenen Bedingungen, die mit dem eigenen Gefühl von persönlichem Prestige und Autonomie in Einklang zu bringen sind.

Einer derjenigen Sachverhalte, den die Pandemie zum Vorschein gebracht hat, besteht darin, dass das Fehlen von Kontrolle, Autorität und Kompetenz im Westen höchst real und gefährlich ist. Die postpandemische Politik muss daher ihre Legitimität, Kapazität und Effektivität neu unter Beweis stellen. Dies wird nur in dem Maße möglich sein, wie die Wege in Richtung einer inklusiven, gerechten positiven Biopolitik offenstehen und aktiv genutzt werden. Diese

Politik muss Identität, Subjektivität, Status und Handlungsmacht neu verorten und voneinander abkoppeln, um die ko-immunologischen Allmende aufzubauen. Womöglich ist nichts von größerer Bedeutung als das.

9. Das Problem ist die Individuation selbst

Angesichts der Tatsache, dass die positive Biopolitik im Anschluss an die Pandemie einen verstärkten Einsatz von High-Tech- wie auch High-Touch-Infrastrukturen zur sensorischen Erfassung, Modellierung und Simulation erforderlich machen wird, ist es unerlässlich, den Gegensatz zu den bestehenden Überwachungsmethoden deutlicher herauszuarbeiten. Es hat nämlich den Anschein, dass gerade in jenem Moment, in dem eine tiefergehende Säkularisierung der gesellschaftlichen Selbsterkenntnis unbedingt vonnöten wäre, der Brunnen sich durch jahrelange falsche, weil auf taktischer Manipulation anstelle strategischer Voraussicht ausgerichteter Verwendung als längst vergiftet erweist. Die Pathologien der auf Werbe- und Aufmerksamkeitsökonomien basierenden planetarischen Rechenmodelle liegen auf der Hand, doch geht die herkömmliche Kritik faktisch nicht weit genug.

Nun liegt das Problem nicht daran, dass sich »das System« ein von Natur aus freies Individuum geschnappt hätte, sondern dass unsere Plattformen unter einem Gesellschaftsmodell im Wesentlichen eine Ansammlung von Individuen verstehen, die sich anhand individueller Profile nachvollziehen lässt. Das tieferliegende Problem mit dem derzeitigen System besteht also weniger in der sensorischen Erfassung als in der Überindividuation. Eine tragfähige postpandemische Politik muss auf pluralistischere und verflochtenere Bezugsrahmen gegründet sein, und das aktuelle Antiüberwachungsnarrativ des Mainstreams steht dem im Weg.

Bei westlichen Antiüberwachungsdiskursen handelt es sich um, nun ja, eben um überaus westliche Diskurse. Foucaults Darstellung der Geschichte der Subjektivität, Identität und Individuation ist zugleich eine Geschichte des liberalen Individualismus, die tief in verschiedenen philosophischen und populärpolitischen Annahmen verwurzelt ist. Im Hinblick auf sensorische Erfassung, Modellierung und Simulation wird so die Überzeugung gefestigt, dass wir in erster Linie selbstsouveräne Individuen mit angeborener Privatsphäre seien, die sich bis an die Grenzen unserer Identität erstrecke, und wir erst im zweiten Schritt auf der Grundlage gegenseitiger und transparenter Anerkennung ebendieser Grenzen vertragliche Beziehungen mit der Gesellschaft als Ganzer eingehen könnten. Dies stellt sowohl das Grundrezept der neoliberalen Sozialpsychologie als auch die Art und Weise dar, wie der »Überwachungskapitalismus« von Kritiker:innen wie Shoshana Zuboff beschrieben wird. Hat man erst einmal all ihre Appelle zur oberflächlichen Empörung hinter sich gelassen, wird »Überwachung« als illegitime Beziehung zwischen einer Privatperson und einem Zwangskollektivunternehmen präsentiert. So mögen es auch die juristischen Fakultäten sehen, wenn sie die strukturierende Handlungsfähigkeit von Plattformtechnologien innerhalb des politischen Lebens erkennen, die sich der vermeintlich natürlichen Autorität von Gesetzen und ihrer Vertreter:innen bemächtigt.

Was unkritisiert bleibt, ist das viel tiefer sitzende Problem, dass technische Berechnung im planetaren Maßstab überhaupt auf die Vorhersage und Beschwichtigung *individueller menschlicher Begierden* ausgerichtet ist. Dies entspricht der Logik, die durch die Verteidigung der missbrauchten Autonomie des selbstsouveränen individuellen Subjekts durch Zuboff und andere weitgehend bekräftigt und legitimiert wird. Das Heilmittel der postpandemischen Politik besteht gerade nicht darin, die Individuen zu »befreien«, damit ihre individuellen, privaten Bedürfnisse besser, schneller und transparenter erfüllt werden können, sondern darin, die Fähigkeit der Gesellschaft zur Selbstmodellierung und Selbstkomposition um eine andere Achse als die des Individuums und seiner Bedürfnisse zu organisieren. Zuboffs Ansatz befördert diesen Irrtum jedoch aktiv: Indem dieser Gedanke individualistischen Mythen und Ängsten vor sensorischer Erfassung und Modellierung das Wort redet, hilft er letzten Endes womöglich, eine positive Biopolitik zu verhindern, anstatt sie vermittels der Kritik an den Pathologien der vorhandenen Plattformen hervorzubringen.

Dabei ergeben sich die Pathologien zeitgenössischer Plattformen aus (mindestens) dreierlei Dingen: Erstens sind die Modelle der Menschen in gefährlichem Maße manipulativ und auf idiotische wie bedrohliche Ziele ausgerichtet. Zweitens zeitigt die Vereinnahmung von technischer Berechnung im planetaren Maßstab um der Modellierung von trivialen Bedürfnissen willen negative soziale Folgen. Drittens *verhindert* die Etablierung von technischer Berechnung im planetaren Maßstab zugunsten dieser Zwecke das Entstehen derjenigen Gebrauchsweisen, die wir eigentlich benötigen – einschließlich Klimamodellierung, Wirtschaftsplanung, wirtschaftliche Liquidität und Regulierung, synthetische Intelligenz, die eine positive Biopolitik unterfüttert, und vieles anderes mehr.

Die spezifische Relevanz im Hinblick auf die postpandemische Politik besteht darin, dass das verkrampfte Denken rund um den aufgeblähten Begriff »Überwachung« – diese allzeit illegitime Besitznahme einer ansonsten freien Person, die durch ihre quantitative Einbeziehung in ein inklusives Modell »psychologisch kolonisiert« werde – grundsätzlich im Widerspruch steht zu der gesellschaftlichen Selbsterkenntnis, -komposition und -fürsorge, die durch den epidemiologischen Blick der Gesellschaft und eine positive Biopolitik ermöglicht werden.

Damit soll keineswegs gesagt sein, dass Privatsphäre unwichtig wäre, oder vergessen werden, dass reale Menschen stets komplexer sind, als es mitunter den Anschein hat. Es besagt nur, dass die zentralen Begriffe der Debatte durch das reduktive, auf einem künstlichen Individualismus gründende Framework aus »Überwachung vs. Antiüberwachung« vorgegeben wurden – einem Individualismus, der aufgrund seiner analytischen und folgereichen Mängel ansonsten lediglich Hohn erfahren hat. Was die Begriffe »Privatsphäre« und »Privatisierung« wirklich bedeuten, darauf kommt es an. Nicht umsonst hat ebendieses Framework anderweitig angesehene Wissenschaftler:innen in absurde intellektuelle Sackgassen geführt, angefangen bei dem Professor für Geisteswissenschaft, der Kritik an der Agrarpolitik übt, deren automatisierte »Überwachung« der Produkte auf dem Weg vom Erzeuger zum Verbraucher schließlich nichts anderes als der Beweis für die Verkommenheit des Anthropozäns sei, bis hin zu dem Künstler-Forscher, der uns ermahnt, dass die Entsperrung unserer iPhones mittels Gesichtserkennung uns mit schuldig werden lasse an der Folterung ethnischer Minderheiten in China. Beides stellt kein Zeichen von besonderer Wachsamkeit dar, sondern vom Verfall der Sprache selbst.

Schlimmstenfalls leistet dies der reaktionären Instrumentalisierung des Misstrauens Vorschub, die nicht nur dazu führt, dass sich die Menschen vor den Pathologien der »Kontrollgesellschaft« in der Post-Snowden-Ära in Acht nehmen, sondern auch, dass sie sich ausgelaugt und ohnmächtig fühlen. Es hieße, sie zur Salzsäule erstarrt zu wissen durch die unerträglich widersprüchlichen Anforderungen, *einerseits* in eine planetarische Gesellschaft eingebettet zu sein, die sich selbst anhand von gewaltigen physischen Verbindungen von Information, Energie und Materie vermittelt, und *andererseits* ihr Potenzial als selbstsouveräner, autonomer Akteur mit all den damit einhergehenden Identitäten auszuschöpfen, die der westliche Liberalismus als Voraussetzung persönlicher Verwirklichung einfordert. Kein Wunder also, dass die Leute denken, die 5G-Mobilfunkmasten würden die Grenzen ihres Egos zum Schmelzen bringen.

Eine Politik der Bewältigung wird in der Konvergenz von therapeutischen Chat-Kanälen, Konferenz-Panels und Gruppenkunstausstellungen synthetisiert, die zwar die Notwendigkeit von Veränderung anerkennen, sich aber schwertun, sich die Parameter einer wahrhaft nicht-überwachenden Gesellschaft – einer Welt, die sich ihrer selbst auf höheren Abstraktionsebenen nicht bewusst wäre – außer als Versatzstücke von Puppenstuben vorzustellen. Zufrieden ist niemand mit diesem Ergebnis, was daran liegt, dass das Problem von vornherein völlig falsch definiert wurde. Und so dürfte es keineswegs überraschen, dass das Schlagwort »Privatsphäre« geradewegs zur sentimentalen Sprache der »Ethik« – individuelle Moralität, Wahlmöglichkeit, Schuldzuweisung, Selbstverleugnung – überleitet, um die gesellschaftliche Tragweite von sensorischen Technologien in Zweifel zu ziehen. Technologieethik, als Framework, ist folglich ein Garant dafür, dass die unbedeutendsten Stimmen Gehör finden und Debatten in erbitterte Auseinandersetzungen darüber ausarten, welche Placebo-Reformen eingeführt werden müssen.

Ein weiterer entscheidender Punkt ist, dass sich eine positive Biopolitik, die sich ambitionierte Ziele wie etwa den Green New Deal auf planetarischer Ebene setzt, auf das, was James C. Scott spöttisch »Sehen wie ein Staat« nennt, geradezu angewiesen ist – anstatt sich ihm zu entziehen, und zwar nicht als apologetischen Kompromiss, sondern als emphatische Intention. Anstatt Kritiken mit verträumten Sprechchören enden zu lassen, die das Unaussprechliche und Unberechenbare zelebrieren, täte die politische Philosophie besser daran, eine neue Politik der Subjektivität und Objektivität zu entwickeln, die auf dem basiert, was unsere kollektiven technischen Abstraktionen darüber aussagen, wie unsere Spezies mit sich und dem Planeten unmittelbar in Beziehung treten kann.

Genau an diesem Punkt nämlich werden sich die Intimitäten der Vermittlung, die uns zusammenhalten, nicht als Formen der Distanz, sondern als Formen der Nähe erweisen.

10. Berührungslosigkeit

Das Problem der Überindividuation innerhalb der Systeme, die wir verwenden, um uns selbst zu modellieren, wird durch die physische Isolation verschärft, die jede:r von uns während der ausgedehnten Rhythmen des Lockdowns erfährt. Die Situation hat neuartige kulturelle und zwischenmenschliche Realitäten hervorgebracht, von denen viele, wie beispielsweise die verkrampfte Choreografie des Social Distancing und das Vokabular der *Berührungslosigkeit*, ungewohnt und unangenehm sind.

Wie aber kann sich, wenn es allen untersagt ist, sich zu berühren, ein erneuertes Gefühl für unsere biopolitische Verstrickung herausbilden? Vielleicht durch die Erkenntnis, dass gesellschaftliche Fürsorge nicht nur eine persönliche Erfahrung von Angesicht zu Angesicht und von Haut zu Haut ist, sondern etwas, das sich auch über eine Distanz hinweg ereignet, vermittels unpersönlicher Systeme, auf die jede:r von uns angewiesen ist. Auch dabei handelt es sich um soziale Beziehungen. Technologische Vermittlung zwischen uns ist ein Prinzip, keine sekundäre Komplikation. Die Solidarität, die uns aneinanderbindet, lässt sich nicht auf die unmittelbare Erfahrung reduzieren; sie zeigt sich gleichermaßen darin, wie wir Systeme für diejenigen schaffen, denen wir nie begegnen. Auch auf diese Weise bringen sich sensorische Erfassung und Empfindsamkeit zur Deckung.

Es besteht also eine Verbindung zwischen einer Überindividuation der gesellschaftlichen Modellierung und dem Beharren darauf, dass direkte und »unvermittelte« Berührung nicht bloß einer kontaktfreien Bindung vorzuziehen, sondern gegenüber vermittelten sozialen Beziehungen weitaus authentischer sei. Letzteres stellt nicht nur eine Verkennung dessen dar, was Berührung ist, sondern auch eine Ausblendung der Sozialität jener Beziehungen, die wir alle als Teil einer gemeinsamen biologischen und technologischen Welt miteinander unterhalten. Es handelt sich um einen Glauben, der die Aufmerksamkeit von der gegenseitigen Verstrickung auf privatisierte Kommunikationserfahrungen lenkt.

Das eigentliche Problem besteht also nicht so sehr in der Priorisierung von Intimität gegenüber Distanz als vielmehr in der Disqualifizierung einer *Intimität aus der Ferne*, derer eine Gesundheitsvorsorge auf gesellschaftlicher Ebene benötigt. Dies führt zu einem Misstrauen gegenüber den Modellen selbst, schließlich sind ihre Abstraktionen nicht in der Lage, dasjenige abzubilden, was angeblich wirklich zählt, nämlich phänomenologische, nicht epidemiologische Dinge. Damit wird nicht bloß ein Antiintellektualismus zum Ausdruck gebracht, der sich in einer ästhetischen Hyperinflationierung äußert. Es handelt sich geradezu um eine spezifische und kostspielige Form des Widerstands gegen die Implikationen einer biotechnischen Realität. Genau aus diesem Grund muss eine positive Biopolitik in Bezug auf die Sensorschicht die Dichotomisierung zwischenmenschlicher und infrastruktureller Modi der sensorischen Erfassung generell verwerfen. Stattdessen müssen wir diese beiden Modi als sich gegenseitig verstärkend betrachten.

Der kamerunische Philosoph Achille Mbembe und ich kommen zu unterschiedlichen, wenn auch nicht unbedingt unvereinbaren Schlüssen darüber, wie Berechnung im planetaren Maßstab das Projekt der Vernunft und einer realisierbaren Planetarität unterstützt. Im Hinblick darauf, was die auf Erfahrung beruhende Privatisierung von Subjektivität höchst problematisch für dieses Projekt werden lässt, liegen wir jedoch auf einer Linie, wenn er sagt:

> Bemerkenswert [...] ist der offenkundige Wandel von einer Politik der Vernunft hin zu einer Politik der Erfahrung [...]. In den Augen vieler ist die persönliche Erfahrung zur neuen Weise geworden, sich in der Welt zu Hause zu fühlen. Sie ist wie die Blase, die den Schaum auf Distanz hält. Die Erfahrung läuft der Vernunft heutzutage den Rang ab. Uns wird glauben gemacht, dass Sensibilität, Emotionen, Affekt, Stimmungen und Gefühle allesamt die wahre Subjekthaftigkeit und damit die eigentliche radikale Wirkmacht darstellen. Paradoxerweise entspricht dies, gemäß dem paranoiden Tenor unserer Epoche, aufs Wunderbarste den vorherrschenden Einschränkungen des neoliberalen Individualismus.[7]

Ich würde dies dahingehend erweitern, dass eine privatisierte Subjektivität und die damit einhergehende hyperinternalisierte Individuation von einem Bekenntnis zur Authentizität und Wirksamkeit des Affekts abhängig sind. Dies bringt die Vorstellung mit sich, dass eine bevorzugte persönliche Narrativisierung der Welt Vorrang vor der harten Realität des Planeten und seiner gleichgültigen biochemischen Bedingungen haben kann und tatsächlich auch haben sollte. Das ist mit »Kultur« gemeint, wenn von »Kulturkampf« gesprochen wird. Es handelt sich dabei nicht bloß um einen Teil der Psychologie der Pandemie, sondern kennzeichnet auch den Aufstieg des Populismus, der jetzt, da er an der Macht ist, auf so fatale Weise auf die Pandemie reagiert hat.

Jean-Luc Nancy beschreibt in seinem Kommentar zu »Berührung und Berührungslosigkeit«, dass jegliche Berührung letztlich und endgültig berührungslos ist und Berührungslosigkeit die Basis unserer Intimität bildet. Während wir bei einer Videokonferenz, in der Stimmen und Gesichtsabbildungen unsere Ohren und Augen unzweifelhaft *berühren*, ein Raster aus Hunderten von Teilnehmer:innen betrachten, erinnert uns Nancy daran, dass selbst die intimsten Begegnungen stets durch Blicke und Geräusche, Maschinen, Körperflüssigkeiten, Membranen sowie vorgeschriebene Verhaltensweisen vermittelt werden. Zu wissen, was berührt werden kann und was nicht, ist eine Form der verkörperten sozialen Intelligenz. Verbote bestimmter Arten von Berührungen – wie beispielsweise das Tabu der »Todesberührung«, sprich dem Leichnam eines verstorbenen geliebten Menschen eine Hand aufzulegen – verfügen über ihre eigene offenkundig »biopolitische« Logik, insofern sie der Prävention gegen Krankheitsübertragung Vorrang vor dem persönlichen Ausdruck der Trauer einräumen. Nancys überzeugendster Punkt aber besagt, dass wir permanent berühren und berührt werden, was bedeutet, dass Vermittlung keinen nachgeordneten Zustand unserer Verkörperung darstellt, sondern die Bedingung davon *ist*.

Anstatt Berührung als das zu denken, was *un*mittelbar – ohne Vermittlung – ist, begreifen wir, dass – auch wenn eine Erfahrung mehr viszerale Taktilität aufzuweisen vermag als eine andere – Berührung zu einem gewissen Grad immer schon eine *Berührung auf Distanz* darstellt, und zwar auf eine Distanz, die nicht leer, sondern voller Vermittlung ist. Für den Kontext der Pandemie ist dies insofern von Bedeutung, als die Bereitstellung medizinischer Versorgung innerhalb des größeren, diskontinuierlicheren gesellschaftlichen Apparats der sensorischen Erfassung verortet wird. Das heißt, die Sensorschicht ist die Art und Weise, wie sich der größere gesellschaftliche Körper im Wesentlichen selbst berührt und sensorisch erfasst, sodass eine andere, genauere Art der Berührung, etwa medizinische Versorgung, zur Verfügung gestellt werden kann.

Die Modelle, die von der sozialen Sensorik hervorgebracht werden, ermöglichen es, Berührung und Berührungslosigkeit als eine Frage der Intimität zu formulieren, jedoch Intimität in Form einer biopolitischen Selbstkomposition. Zu den intimsten Technologien der Berührungslosigkeit zählt beispielsweise die Maske. Es handelt sich bei ihr nicht nur um einen Eingriff in den individuellen Körper, sondern auch um eine kollaborative Technologie, die durch Filtration die proxemische Beziehung zwischen zwei oder mehreren von uns vermittelt. Insofern wir allzeit vom Atem der anderen berührt werden, lässt die Maske derartige Wechselbeziehungen zu einer Angelegenheit geteilter Sorge werden. Sie verhindert den Kontakt mithilfe des bewussten Entzugs des zwischen uns liegenden Raums, und gerade dadurch liefert sie die Möglichkeit, uns umeinander zu kümmern. Um es geradeheraus zu sagen: Die Maske funktioniert nicht, weil wir Sorge tragen – schließlich steht die Filtration der affektiven Ethik gleichgültig gegenüber –, sondern vielmehr tragen wir Sorge, weil die Maske funktioniert.

Eine umfassendere Transformation unserer Städte – bei denen es sich um eine weitere kollektive Technologie handelt – vollzieht sich ebenfalls gemäß den Anforderungen der Berührungslosigkeit. Architekt:innen, Stadtplaner:innen und Interaktionsdesigner:innen bemühen sich redlich, die Stadt im Anschluss an die Pandemie neu zu konzipieren. Unterdessen staunen wir nicht schlecht über das Bottom-up-Interface-Design, das Restaurants, Märkte und andere öffentliche Orte einem Update unterzogen hat. Um weiterhin geöffnet bleiben zu dürfen, haben sie ihren programmatischen Betrieb auf immunologische Schnittstellenregime aus sauberen und unsauberen Komponenten, Plexiglasperforationen und zu Mikrobarrikaden umfunktionierten Möbeln beschränkt.

Bei der pandemiebedingten Neugestaltung dieser Orte geht es vielleicht weniger darum, die Frage nach Berührung endgültig abhaken zu können, als vielmehr darum, sie tatsächlich *nochmals zu stellen*. Denn die Umgestaltung führt die Berührung von Neuem direkt und viszeral als eine Variable ein, die zwar von Anfang an vorhanden, jedoch vergessen worden war. Dieser Berührungs- und Vermittlungszusammenhang zwischen Körpern und Personen im Vollzug sozialer Begegnungen war bislang in Konventionen wie dem mittlerweile unangemessen erscheinenden Handschlag unbeachtet geblieben. Schließlich mussten

Berührungen nicht als etwas angesehen werden, das es ganz bewusst zu kalibrieren galt. Heute lässt sich dies keinesfalls mehr vermeiden. Die *Berührungsfülle* all jener berührungslosen Begegnungen ist uns jetzt schmerzlich bewusst, weshalb wir die Haut und die Grenzen der Welt mit Einsichten bestücken, die wir für verloren hielten.

11. Stadt unter Quarantäne

Die Filtrierung und Sortierung der Gesellschaft haben sich auch auf der Ebene der Stadt vollzogen. So sind bestimmte Merkmale einiger Städte bereits das historische Ergebnis des Umgangs mit weiter zurückliegenden Pandemien, und es ist gut möglich, dass sich die Städte aufgrund der Covid-19-Pandemie noch weiter verändern werden. Doch wie kommt das?

Bei Lockdown, Quarantäne und Isolation handelt es sich im Allgemeinen um räumliche Technologien, die uns voneinander filtern, da das tatsächliche Risiko, das eine Person für eine andere darstellt, und vice versa, unbekannt ist. Die Quarantäne ist ein Schwebezustand. Man ist weder krank noch gesund; es ist vielmehr von Amts wegen unentscheidbar. Im Gegensatz zu vielen früheren Quarantänen ist im heutigen Fall die gesamte Bevölkerung vor sich selbst unter Quarantäne gestellt, ohne ein klares Innen und Außen. Durch die Verankerung des »Ausnahmezustands« entdeckt die übliche Biopolitiktheorie allerorts und in allem »Lager«. Bei dieser Pandemie handelt es sich bei den Lagern jedoch eher um Bunker, ein jeder davon mit den gegenteiligen Aufgaben betraut, die Welt »drinnen« und »draußen« zu halten, wobei die Bereiche permanent oszillieren. Ist man nun ein- oder ausgesperrt, weg- oder zugesperrt?

»Quarantäne« bedeutet in etwa so viel wie aufgeschobene Unbestimmtheit: Aus Tagen werden Wochen. Der öffentliche Argwohn, dass eine Person eine Gefahr für seine Umgebung darstellen könnte, wird auch nach der Lockerung der Lockdowns fortbestehen. Unterdessen werden unsere unmittelbaren Lebensräume durch auffällige neue Beziehungen zwischen innen und außen definiert. Sollte sich die allgemeine Quarantäne über eine lange Zeit erstrecken, werden einige dieser Beziehungen sich festigen. Da Annehmlichkeiten, die einst als »Treffpunkte« in einer Stadt bekannt waren, inzwischen zu Apps und Vorrichtungen innerhalb des eigenen Zuhauses umgewandelt werden, bleiben die öffentlichen Plätze verwaist, und der häusliche Bereich bildet den eigenen Horizont. Wo ist ein Büro? Was ist eine Schule?

Die Art und Weise, wie wir uns zueinander in Beziehung setzen, ist Teil unserer Beziehung zur Stadt, und diese ist seit Langem geprägt durch Schichten aus künstlicher Haut und Prothesen (auch bekannt als Kleidung und Telefone). Selbst biometrische Berührungspunkte wie Infrarotthermometer und QR-Passcodes sind Mittel, mit denen die Stadt entscheidet, wer wohin geht, und momentan werden manche davon ausgebaut, während andere eingestellt werden. Leidlich passen wir uns den Psychogeografien der Isolation an. Zu gegebener Zeit werden wir vielleicht sogar in der Lage sein, »Social-Distancing-konforme Gebäudedesigns« zu entwerfen. Bei den biometrischen Technologien sind Thermometer auf dem Vormarsch, von Fingerabdruckscannern hingegen wurde Abstand genommen. Telefone wiederum erweisen sich als Rettungsanker, wohingegen Gesichtserkennung vorübergehend auf Eis gelegt wurde, zumal das Tragen von Masken in der Öffentlichkeit über Nacht von einer Geste des Ungehorsams zu einer obligatorischen Vorsichtsmaßnahme geworden ist.

Für die privilegierteren Schichten mag sich diese Situation etwas weniger wie Hausarrest als vielmehr wie der Probelauf eines vollautomatisierten Luxuskapitalismus anfühlen – allerdings eines außerordentlich immobilen. Man verbringt sein Leben in einer Art häuslichem Kokon, dem durch Netzwerke und Rohre die notwendigen Aspekte der Außenwelt zugestellt werden, angefangen bei Sanitärsystemen über Lieferketten bis zu prekären Arbeitskräften. Auf Knopfdruck ist die Welt zu instantanen, sich an der Haustür materialisierenden Launen zusammengeschrumpft. Für andere Menschen wiederum gleichen die Umstände weitaus mehr einem Gefängnis, und die Erfahrung ähnelt eher jener, die man in einer Einzelhaft oder, schlimmer noch, in einer Zelle macht, die man mit jemandem teilt, den man womöglich fürchtet.

Auf andere Weise zeigt sich diese Dynamik zugleich in dem, was die »Essenzhaftigkeit« systemrelevanter Berufe ausmacht. Diejenigen, deren Lebensunterhalt auch unter den derzeitigen Umständen gesichert ist, da ihre Arbeit, etwa im Bereich Finanzen oder Bildung, gut an die Bearbeitung wertvoller Symbole auf einem Bildschirm angepasst ist, repräsentieren die eine Art von Essenzhaftigkeit. Im Vergleich dazu entpuppt sich die Essenzhaftigkeit von Lagerhallenarbeiter:innen oder von medizinischem Personal an vorderster Front als weit weniger freiwillig. Auch wenn es ihnen erlaubt ist, sich einige Zeit außerhalb der räumlichen Einhegung ihres Zuhauses aufzuhalten, dürfte es sich bei der sozioökonomischen Einhegung ihre misslichen Arbeitsverhältnisse eher um eine Form von Nötigung denn um ein Zugeständnis handeln.

Wo immer wir hinsehen, entdecken wir, wie »innen« und »außen« ihre Plätze tauschen. Die Schranke, die die empfundene Gefahr eindämmt (das, was Agamben zwanghaft als »Lager« identifiziert), und diejenige, die die Gefahr draußen und die geschützten Körper drinnen hält (der »Bunker«), mögen wie identische architektonische Formen aussehen – aus der Perspektive des Virus sind sie dies auch. So sah man zu Beginn des Lockdowns Reisende am O'Hare Airport in Chicago zusammengepfercht auf einem Gang darauf warten, für ihre Wiedereinreise in die Vereinigten Staaten gescreent zu werden, und sich währenddessen höchstwahrscheinlich gegenseitig infizieren. Am selben Tag sah man wiederum auch Bilder aus den mit feiernden, sich mit Sicherheit gegenseitig ansteckenden Menschen brechend vollen Londoner Musikclubs. Opfer gab es sowohl an der Warteschlange als auch bei Kulturveranstaltungen. Während es sich bei Ersterer um ein infrastrukturelles Nadelöhr handelt, stellt Letzteres ein kostspieliges kulturelles Erlebnis dar – dem Virus ist das einerlei. Es vermehrt sich gleichermaßen gut im einen wie im anderen Fall.

Um es noch einmal zu sagen: Die Gleichgültigkeit des Virus gegenüber unseren positiven oder negativen »ethischen« Absichten ihm gegenüber, seien sie nun böswillig oder kommunitaristisch, ist absolut konsequent. Diejenigen, die in den Club gingen, taten dies nicht bloß vorsätzlich, sie zahlten auch einen hohen Eintrittspreis, um sich in die wogende Masse zu zwängen, wohingegen diejenigen, die in den Einreiseschlangen standen, lieber anderswo gewesen wären, als mit all den unbekannten Menschen darauf zu warten, durch die schlecht designte Flughafenarchitektur geschleust zu werden. Diejenigen, die der ersten Gruppe angehörten, wähnten sich im Inneren, abgeschottet von der Außenwelt; jene der zweiten Gruppe verstanden sich als Teil des außen, der darauf wartete, eingelassen zu werden. Der eine Raum zählte zur »Kultur«, der andere zur »Politik«. Was das Virus betrifft, macht dies keinen Unterschied.

Um was für eine Art von Biopolitik handelt es sich hierbei? Ist die Quarantäne das, was wir unter einer »geeigneten« Biopolitik verstehen, oder steht sie exemplarisch für etwas anderes, nämlich für das genaue Gegenteil? Die Lockdowns sind momentan zwar notwendig, offenbaren zugleich aber auch ein mehrfaches Versagen der Politik. Sie sind ein Zustand dauerhafter, aber unnötiger Ungewissheit. Aufgrund einer unzureichenden Sensorschicht ist es unmöglich, diejenigen, die aller Wahrscheinlichkeit nach ansteckend oder gefährdet sind, punktgenau zu isolieren.

Dementsprechend wird ein pauschaler Lockdown angeordnet, jedoch nicht, um eine Bevölkerung vor einer anderen, sondern um die gesamte Bevölkerung vor sich selbst zu schützen, eben weil sie nicht in der Lage ist, sich selbst hinlänglich sensorisch zu erfassen, zu modellieren und akuratere Maßnahmen zu treffen. Wir sind zu mehr fähig, können uns nur einfach nicht dazu aufraffen. Der Lockdown hat ein kurzfristiges Ziel, eine ko-immunologische Funktion, insofern er Körper separiert, sowie ein langfristigeres, nämlich der Regierung Zeit zu verschaffen, um zur Wirklichkeit aufzuschließen und differenziertere Reaktionen zu entwickeln. Doch selbst diesem Minimum wird man nicht überall gerecht. Es scheint, als bemühten sich manche Länder noch nicht einmal und würden lieber den Kopf in den Sand stecken und warten, bis alles vorüber ist.

12. Strategischer Essenzialismus

Indes Städte den Betrieb drosseln, bleiben allein die Tore ihrer als essenziell erachteten Teile offen, um die Weiterleitung strategischer Güter, Prozesse und Dienstleistungen zu gewährleisten. Gesellschaften werden auf ihre Kernfunktionen wie Nahrung, medizinische Versorgung und Kommunikationstechnik reduziert. Das gestaltet sich zwar weniger extrem als die Planung von Mondbasen, doch die Logik der utilitaristischen Priorisierung ist davon gar nicht mal so verschieden. Stadtzentren sind zu menschlichen Ausschlusszonen geworden, der gleichmütigen Verwahrlosung anheimgegeben. Unterdessen werden in der Onlinesphäre allerart Organisationen als improvisierte virtuelle Versionen ihrer selbst weitergeführt: Telemedizin, simulierter Sport, Intimitäten im Metaverse, Onlineunterricht und -konferenzen und so weiter. Langen Lieferketten wurde einst vorgeworfen, Grundbedürfnisse nicht den Risiken entsprechend abgesichert zu haben, doch offenbarte die Pandemie vielmehr, wie unrealistisch die Erwartungen waren, eine lokale Versorgung wäre ausreichend. Die Erkenntnis lautet, dass der Lockdown-Modus des planetarischen Städtewesens zwar eine ungleich verteilte Komprimierung des gesellschaftlichen Lebens darstellt, die essenziellen Aspekte seiner industriellen Verschränkungen – Signal, Übertragung, Stoffwechsel – jedoch in der Lage sind, fortzubestehen, und dies auch tun.

Dessen ungeachtet haben Menschen die pandemische Vergangenheit, Gegenwart und Zukunft der Selbstisolation unterschiedlich erlebt, und sie werden auch die in Aussicht gestellte Zukunft unterschiedlich wahrnehmen. Die herrschende Vorstellung von essenziellen Arbeitskräften und Unternehmen, oder zumindest von solchen, ohne die die Gesellschaft offensichtlich nicht funktionieren kann, stellt zugleich eine unerwartete Rückkehr der staatlichen Industriepolitik dar, bei der ganze Sektoren vollkommen den Bedürfnissen der großen Mobilisierung unterworfen sind. Diese Vorstellung könnte beibehalten werden. An sich ist das weder eine gute noch eine schlechte Nachricht. Was dadurch jedoch nur allzu deutlich zutage getreten ist, waren unfassbare Defizite in manchen Bereichen (medizinische Versorgung) und lächerliche Überschüsse in anderen (beliebig). Für die postpandemische Welt ist die Frage, was wirklich *essenziell* ist, immer noch unbeantwortet und also wert, neu gestellt zu werden.

An und für sich findet eine Industriepolitik des strategischen Essenzialismus seinen Widerhall in den Forderungen nach einer radikalen Umstrukturierung der modernen Volkswirtschaften entlang der materiellen Grenzen planetarer Ökologien. Die Beseitigung sozial und ökologisch »unnötiger Arbeitsplätze« ist Teil dieses (noch nicht im Mainstream angekommenen) wirtschaftlichen Gedankens. Für die postpandemische Politik hängt dies wohl ebenso sehr von der soziale Arbeitsverhältnisse transformierenden Automatisierung ab wie von einer dramatischen Dekarbonisierung und der verminderten Förderung nicht erneuerbarer Rohstoffe. In den meisten Fällen handelt es sich dabei um ein und dieselbe Sache. Auch wenn es womöglich kontraintuitiv sein mag, erweisen sich die Unterschiede zwischen allgemeiner »Austerität« und allgemeinem »Luxus« gelegentlich als eher semantisch denn substanziell.

In Deutschland werden Berufe, die als essenziell gelten, als *systemrelevant* bezeichnet. Deutlicher als mithilfe des Begriffs »essenzielle Arbeitskräfte« wird damit zum Ausdruck gebracht, dass die Notindustriepolitik nicht bestimmte Arten von Arbeitsplätzen als essenziell oder inessenziell einstufte, sondern ganze Branchen. Wie eine Gesellschaft ihre eigenen Wirtschaftssektoren kategorisiert, hängt selbstverständlich davon ab, wie sie ihre eigene Wirtschaft überhaupt versteht, und insofern sind unterschiedliche Taxonomien möglich und signifikant. Es kommt auf das Modell an, und Konventionen haben die Eigenschaft, sich zu behaupten und sogar zu zementieren.

So ist etwa das anachronistische Modell, das die gesamte »Technik« immer noch als einen einheitlichen Sektor betrachtet, dafür durchaus exemplarisch. Diese Einheit wird durchbrochen, sobald das Modell darlegen muss, was im Zusammenhang mit einem Notfall wie einer Pandemie als essenziell und was als inessenziell zu gelten hat. In gewisser Weise machen die einzigartigen Umstände wohl ein einzigartiges Modell der temporären Wirtschaft erforderlich, das irrelevant wird, sobald die Normalität wieder einkehrt. Zugleich lassen sie unerwartete Wahrheiten über die permanente Wirtschaft und deren Selbstdarstellung zutage treten, die bereits vor der Notlage zutrafen und dies auch danach noch tun werden. Bei vielen derjenigen Sektoren, die nicht schließen mussten, handelte es sich um solche, die keine direkten Schnittstellen mit der Öffentlichkeit bildeten, sondern zur Unterstützung und Aufrechterhaltung der eben dafür zuständigen Stellen notwendig waren. Die unbeantwortete Frage lautet, wie der Fokus auf Infrastrukturen, die zunehmend automatisiert und diskret sind, die Debatten darüber, was Wirtschaftsmodelle an sich repräsentieren sollten, neu gestalten wird.

Deutlich gemacht hat die Pandemie unter anderem, dass die Realität dessen, wie sich Gesellschaften von Tag zu Tag reproduzieren, nicht nur dadurch immer unverständlicher werden, je weiter wir uns von ihnen entfernen, sondern auch dadurch, dass die Wirklichkeit immer noch als Fortsatz früherer Wirtschaftsbeziehungen aufgefasst wird. Wie Mike Davis es formulierte: »Man tippe auf den leuchtenden Screen, und das Essen steht vor der Tür. Nichts bringt Klassen- und *race*-Trennung dermaßen ans Licht wie die Pandemie, außer natürlich, wenn sie sie vollkommen verschleiert.« Ein Teil dessen, was durch die Pandemie essenzialisiert wurde, sind die stark unterschiedlichen Beziehungen zu den Mitteln der sozialen Reproduktion. Beispielhaft hierfür sind die Positionen innerhalb der neu regulierten, durch die Organisationsstruktur von Plattformen definierten sozialen Beziehungen, insbesondere an Stellen, wo Menschen in diesen Positionen zum Wohle der anderen in der Stadt in Gefahr gebracht werden. Für viele bedeutet die Anerkennung ihrer Arbeit als »essenziell«, dass sie sich dem Risiko aussetzen müssen, Opfer zu bringen. Oder präziser: dass das Risiko öffentlich gemacht wurde.

Das Verbundrisiko besteht also nicht nur darin, dem Virus ausgeliefert zu sein, sondern auch einer wirtschaftlichen Unsicherheit, und zwischen diesen beiden Gefahren besteht ein gewisses Maß an Ausgewogenheit oder Unausgewogenheit. Dies ließe sich durch eine Art Matrix veranschaulichen. So kann man dem Risiko ausgesetzt sein, sich mit dem Virus anzustecken, weil man beruflich regelmäßig mit der Bevölkerung in Kontakt kommt, oder man kann vor diesem Risiko geschützt sein. Man kann durch den Verlust der Arbeit dem Risiko einer finanziellen Katastrophe ausgesetzt sein, weil die Arbeit als inessenziell erachtet wird, oder man kann vor solch einer Katastrophe bewahrt sein, insofern die Arbeit als ökonomisch zu wichtig betrachtet wird, als dass sie unterbrochen werden könnte. Man könnte biologisch und/oder finanziell gefährdet oder geschützt sein.

Manche unserer Wissenschaftler:innen am Strelka-Institut sahen darin Ähnlichkeiten mit dem »Sterbepreis«, bei dem Versicherungsunternehmen je nach den ungefähren künftigen Einnahmen dramatisch unterschiedliche Beträge für Menschenleben zahlen, die bei Katastrophen ums Leben kommen. Offensichtlich ist jedoch, dass die Preisbildung für »Risiko« und »Essenzialität«, wie sie sich in der Gehaltsabrechnung irgendeiner Arbeitnehmerin niederschlägt, dramatisch verzerrt ist und die Kosten des Risikos sowie die Kosten der sozialen Reproduktion von den *am stärksten gefährdeten* Personen getragen werden. Leider nichts wirklich Neues. Gleichzeitig kann der traditionalistische Protektionismus aber auch nach hinten losgehen. Man erinnere sich etwa an das italienische Farbunternehmen, das nicht deshalb den Betrieb aufrechthielt, weil so viel Farbe benötigt wurde, sondern weil ein Wegfall der Arbeitsplätze wirtschaftlich verheerend für die Region gewesen wäre. Das

Unternehmen sorgte für den Farbnachschub, wurde dadurch aber auch zum Zentrum für Superspreader.

Sofern sie in der Lage sind, die Intensivierung von Automatisierung und Virtualisierung angemessen zu berücksichtigen, werden sich die postpandemischen makroökonomischen Sektorenmodelle völlig von den jetzigen unterscheiden. So werden sie womöglich nicht mit eigenständigen Industrietypen gefüllt sein, sondern mit Karten differenzierter Relais, die sich über alle »Industrien« hinweg erstrecken. Das Mandat zum »Essenzialismus« bedeutet mehr als eine staatlich gelenkte Industriepolitik: Es ist das, was sich jede Organisation selbst auferlegt, sobald sie sich virtualisiert. Egal ob digitales Lernen, dezentralisierte Medienproduktion, endlose Meetings, Online-Ärzt:innenbesuche oder -Romanzen: Was als essenzielle Utensilien und Prozesse der meisten Organisationen erachtet wurde – von Büroräumen bis hin zu Flügen –, wurde umgehend zugunsten des essenziellen Informationsparameters über Bord geworfen.

Abgesehen davon aber ist die Reduktion sozialer Ökonomien auf eine »Essenzialität« – sei es in Übereinstimmung mit pandemischen Notlagen, mit Degrowth oder Austerität, mit hochautomatisierten, wohlhabenden Sozialdemokratien oder mit welchem programmatischen Narrativ auch immer – allzeit mit fragwürdigen Annahmen darüber verbunden, was berücksichtigt werden muss und was nicht. Die Beschränkung auf das Essenzielle und die entsprechende Ummodellierung und Neukalibrierung dieser Operationen werden uns noch eine Weile begleiten.

13. Resilienz und Automatisierung

Ein anderes Wort für die in großem Maßstab funktionierende soziale Ökonomie der Berührungslosigkeit könnte »Automatisierung« sein. Denn bei der Bereitstellung von Lebensgrundlagen und gegenseitiger Fürsorge handelt es sich um Formen von Verteilung über große Entfernungen hinweg. Staaten sind dazu durchaus in der Lage, schließlich ist der großräumig agierenden Logistik offensichtlich eine militärische Geschichte eigen, doch haben sie mittlerweile die Innovation der Automatisierung im öffentlichen Bereich an private Plattformen abgetreten.

So stellte Amazon zu Beginn des Lockdowns innerhalb weniger Wochen mehr als eine Viertelmillion Menschen ein, eine Mobilisierung von Arbeitskraft, die militärischer Einberufung gleichkam. Zum Vergleich: Google hat *insgesamt* rund hunderttausend Angestellte. Die Signifikanz liegt sowohl in der Quantität als auch in der Qualität. Die Arbeit in Amazons Fulfillment Center stellt eine intensive Miniaturisierung der größeren und längeren Relaisketten dar, die Produktion auf Logistik zusammenschrumpfen. Genau um diesen Punkt des Zusammenschrumpfens könnte sich die postpandemische Neukategorisierung von Industriesektoren als unterschiedlich »essenziell« drehen.

Als absolut essenziell erwiesen sich unter anderem automatisierte Plattformlieferdienste und ihre Mitarbeiter:innen.

Sie hielten die Städte am Laufen, als dies mit anderen Mitteln nicht mehr möglich war. Die landläufige Annahme, digitale Plattformen seien weniger solide als die wohlbekannten lokalen Ökonomien und würden im Krisenfall viel eher fehlschlagen, schien weit gefehlt. Die kybernetische Schleife aus App – Lagerhaus – Zusteller:in – Haustür wurde zu einem öffentlichen Notdienst und bewies, dass Plattformökonomie keine der Realwirtschaft nachgelagerte Innovation ist, sondern dass sie die eigentliche Wirtschaft *ist*. Tatsächlich ermöglichte erst die Automatisierung die Lockdownökonomie. Aus diesem Grund lässt sich das Schicksal ihrer Arbeitskräfte nicht lediglich als Nischenproblem der »Tech-Industrie« betrachten, sondern als eines, das von zentraler Bedeutung für das Funktionieren von Gesellschaften ist und dafür, was und wer uns als essenziell gilt. Die Arbeit, die sie verrichten, mag eher im Verborgenen stattfinden, doch hat die Pandemie ihre Rolle bei der gesellschaftlichen Reproduktion weitaus deutlicher werden lassen. Denn es gibt keine postpandemische Politik, die nicht zugleich auch eine politische Ökonomie der Automatisierung ist.

Zunächst in China während dem allerersten Lockdown und jetzt in jeder erdenklichen Stadt sind es die Plattformliefersysteme, die das angespannte soziale Gefüge aufrechterhalten. Als Reaktion auf das Virus bleiben Geschäfte geschlossen, die Straßen leer – und dennoch geht das Leben weiter. Hunderte Millionen Eingeschlossene – und zwar nicht nur die ungewöhnlich Privilegierten – verharren in privater Abkapselung, kaufen per Handy ein und essen, was die Person-plus-Lebensmittel-Fabrik am anderen Ende der App vor die Tür stellt. Mit den automatisierten Plattformen halten Schwalle an Systemadministrator:innen und Kurier:innen die Welt in Bewegung, da dies der Regierung allein nicht mehr möglich ist, und auf diese Weise sind diese Automatisierungsketten zu einem Notdienst geworden. Automatisierung ist nicht die fragile virtuelle Schicht auf der ansonsten robusten Stadt; vielmehr ist das Gegenteil der Fall.

»Automatisierung« wird hierbei weniger anhand der Ersetzung von Menschen durch Maschinen definiert, sondern vielmehr als der allgemeine Begriff für die koordinierte, Rube-Goldberg-hafte Sequenz an Menschen, Algorithmen und physischen sowie protokollarischen Maschinen. Die gummiartige Resilienz dieser Arrangements liegt darin, wie sie auf Gedeih und Verderb Schlüsselfunktionen vermittels der Programmierung Hunderter kleiner Zwischenschritte mit einem Minimum an direktem menschlichen Kontakt erfüllen, und zwar zu einer Zeit, in der direkter Kontakt unmöglich ist. Die Pandemie hat deutlich gemacht, dass die Lieferkette die Gesellschaft darstellt.

Ein Aspekt der sich erweisenden Resilienz von Plattformmechanismen als urbane Organisationsstrukturen für die postpandemischen Industriesektoren liegt in der Beschränkung von Organisationen, Leben und Ökonomien auf essenzielle Schnittstellen. Die Fragen, wie jede:r von uns in diese Relais passt, entsprechend der Art der Arbeit, die wir verrichten, von der wir profitieren, und all dem, was uns in Bezug auf diese Dynamiken ausmacht, beweisen, dass die räumliche Logik der Automatisierung untrennbar mit ihren kulturellen, ökonomischen und ökologischen Konsequenzen verbunden ist. Statt bloß am Rande Thema zu sein, zielen diese Fragen auf den Kern dessen, was »Arbeit« ist, wie sie bewertet wird und was soziale Resilienz überhaupt bedeutet. Die Arbeit derjenigen, die sich in automatisierten Schleifen befinden, ist weder Nische noch Beiwerk: Sie ist essenziell, da jede:r und alles bereits auf die ein oder andere Weise in den Schleifen steckt.

Die Konzeption einer anderen Sozialökonomie der Automatisierung sollte zwei Beiträge zur postpandemischen Politik leisten. Der erste besteht darin, die Befriedigung grundlegender Bedürfnisse von den Verzerrungen des realen sozialen Werts zu entkoppeln, die davon herrühren, dass Menschen – anstatt sie ihren Wünschen gemäß schaffen, erfinden und machen zu lassen – für stumpfsinnige Aufgaben eingesetzt werden, die auch von Maschinen erledigt werden könnten. Und der zweite Beitrag besteht darin, die Erfüllung dieser Bedürfnisse von den ungeheuerlichen ökologischen Auswirkungen zu entkoppeln. Diese beiden Aspekte gilt es nicht nur aufeinander abzustimmen, sondern auch zu einer tragfähigen Vision dessen zu vereinen, *wofür Automatisierung steht.*

Damit verschiebt sich die Konnotation des Wortes »Automatisierung« dahingehend, dass es nicht mehr auf »Autonomie« hindeutet, sondern vielmehr auf all die Sequenzen der *voneinander abhängig* programmierten Relais und verschränkten Verbindungen. Diese weitaus integrativere Konzeption von Automatisierung hat weniger mit der nur augenscheinlichen Autonomie eines Akteurs oder einer Komponente innerhalb dieser Ketten zu tun als mit deren Beziehungen. Zugleich bringt sie Formen eingebetteter algorithmischer Automatisierung an die Oberfläche, die nicht allein körperliche Arbeit, sondern auch Kognition und Entscheidungen automatisieren. Das heißt, an bestimmten Punkten innerhalb des größeren Relais werden *Entscheidungen* programmiert und an einem ausgewählten Punkt in der Sequenz instanziiert, sodass keine Entscheidung immer und immer wieder von Neuem getroffen werden muss. Die tiefere Implikation lautet, dass Automatisierung nicht nur etwas ist, *über das* die Politik Entscheidungen fällen kann, sondern etwas, das politische Entscheidungen notwendigerweise absorbiert. Anders ausgedrückt, eine postpandemische Definition der politischen Ökonomie der Automatisierung beinhaltet eine neue Zusammensetzung der komplexen Relais und der Art und Weise, wie sie ihre eigenen Prozesse sensorisch zu erfassen und zu begreifen haben. Das heißt, die sozialen Funktionen der Automatisierung umzulernen bedeutet umzulernen, wie die Automatisierung sich selbst automatisiert.

Diese potenziellen künftigen Resilienzen – ob sozial, technisch oder ökologisch – stehen im Gegensatz zur primären Art und Weise, in der Leistungskapazitäten in großem Maßstab heute durch die Über-Belieferung alberner und bedeutungsloser Waren, die von prekären Arbeitskräften herumkutschiert werden, vergeudet wird. Zugleich aber weicht man damit auch von der Annahme ab, dass algorithmisch automatisierte Plattformen an sich angreifbar, fragil und krisenanfällig seien, wo doch die gegenwärtigen Realitäten etwas anderes vermuten lassen. Für manche stellt es ein Zeichen ihres Glaubens dar, lange, von rechnerischen Abstraktionen abhängige Lieferketten zugunsten lokaler, persönlicher, »räumlich-zeitlich verankerter« Ökonomien abzulehnen, da Letztere im Zweifelsfall widerständiger wären. Vor der Pandemie war dies nicht der Fall, und auch durch sie ist es nicht wahrer geworden.

Es gibt durchaus ästhetische und stilistische Gründe, homogene Dorfgemeinschaften der »entfremdenden« Anonymität der Großstadt vorzuziehen. Tatsächlich zeigt sich jedoch ein konkreter, wenn auch impliziter Antiurbanismus in der Anti-Automatisierungspolitik und -ästhetik. Und manch einer mag vergessen haben, dass es sich auch bei Kleinstädten trotz ihrer bukolischen Annehmlichkeiten um auf Gesichtserkennung basierende Sozialkontrollsysteme handelt, denen zu entkommen, viele Menschen ihr Leben geopfert haben.

Der kleinbürgerliche Primitivismus des nachbarschaftlichen Bio-Bauernmarkts steht beispielhaft für eine Art sehnsüchtige Idealisierung der »Herkunft der Dinge« und der Potenzialität von Infrastruktur. Obwohl er eine erquickliche Erfahrung zu bieten vermag, trieft seine Symbolik geradezu von restaurativer Kulturpolitik, die symptomatisch das griffbereite Ambiente über die skalierte Gerechtigkeit stellt. Es handelt sich dabei also um eine ästhetische Schwäche, zu behaupten, man würde eine ethische Politik betreiben, die vorgibt, eine resilientere Wirtschaft zu sein. Und doch kann die Welt nicht »immer so sein«; es ist nicht möglich, dass einem jedes Stückchen Obst vom Garten auf den Teller gereicht wird.

Einer der Gründe, weshalb die positive Biopolitik, für die ich plädiere, noch nicht existiert, liegt in der hartnäckigen Illusion, unmittelbare partizipative Emergenz sei das rechte Mittel, der rechte Zweck. Für manche, die darauf hinweisen, dass gegenseitige Fürsorge nicht nur taktische Maßnahmen am Rande des Netzwerks, sondern das gesamte Netzwerk im Kern ausmachen sollte, spricht die implizite logische Präferenz für eine weniger systematische, dezentralisierte, voluntaristische Renaturierung des Gesundheitswesens und der Biopolitik im Allgemeinen. Das wäre allerdings ein Rezept für eine noch größere Katastrophe. Man denke bloß an Brasilien.

14. Die Maskenkriege

Die Biopolitik der Berührungslosigkeit wird womöglich am eindringlichsten anhand der Akzeptanz oder Verweigerung der Maske, welche die Bedingungen der sozialen Interaktion festlegt, spürbar. Masken zählen zu den ältesten künstlerischen Ausdrucksformen, und in Seuchen- oder Kriegszeiten dienen sie als Maschinen zur Luftfiltrierung und sorgen für eine persönliche künstliche Atmosphäre. In den pandemischen Maskenkriegen liegt die Funktion der Maske, nicht anders als deren Leugnung, gerade in ihrer Symbolkraft.

Die Maske schützt andere und einen selbst, bekundet zugleich aber auch Solidarität mit dem immunologischen Gemeinwesen, ebenso wie ihre Abwesenheit eine ablehnende Haltung demgegenüber signalisiert. Die ablehnende Haltung einer Person kann viele Gründe haben, doch wahrscheinlich kreist sie um eine bestimmte Vorstellung des eigenen individuellen Körpers, seines Verhältnisses zu anderen, der Traditionen, die ihn intelligibel gemacht haben, sowie um einen gleichermaßen hartnäckigen Einwand gegen die Tatsache, dass sich die Wirklichkeit in Wahrheit völlig anders gestalte, als sie glauben will.

Die epidemiologische Realität der Pandemie wirft die Grenzen zwischen Individuum und Gruppe, zwischen innen und außen über den Haufen, und für Selbstidentitäten, die auf stabilere Grenzen und subjektiv bedingte Realitäten angewiesen sind, mag das durchaus beunruhigend sein. Für andere hat die Berührungslosigkeit der Maske, der Rückzug des Gesichts aus dem persönlichen Kontakt, zu einer anderen Art von prophylaktischem Ethos geführt, dem zufolge die Biologie ideologische Erwägungen aussticht und Berührungslosigkeit gerade eine Intimität mit Fremden impliziert.

Der anfängliche Engpass an verfügbaren Masken stellte den unleugbaren Nachweis eines überrumpelten Systems dar, auch wenn das Angebot die Nachfrage langfristig für unser außerhäusliches Leben decken wird. Der gesellschaftliche Zweck der Masken besteht nicht allein darin, uns von viralen Partikeln in der Umgebung zu distanzieren, sondern auch darin, anderen die Bedingungen für ein zwischenmenschliches Aufeinandertreffen mitzuteilen. Das heißt, Masken sind und bleiben sowohl expressives, sprich symbolisches, als auch funktionales Mittel; sie sorgen nicht nur für Filterung, sondern signalisieren auch unsere Persönlichkeit und vermitteln Vertrauenswürdigkeit. Hierbei handelt es sich um keine unbedingt neue Tatsache, zumal die Rolle der Maske bei der Herstellung sozialer Gesichthaftigkeit[8] sehr weit zurückreicht.

Die gesellschaftliche Technologie des »Gesichts« ist kulturell vielfältig, und die Vorstellungen davon, das Gesicht zu wahren, zu verlieren und es in der Öffentlichkeit zu zeigen, sind keineswegs homogen. Westliche Traditionen des liberalen Individualismus legen Parameter für akzeptable Identitäten und ihre Erkennung nahe, die sich wohl kaum global übertragen lassen. Hält man sich Francis Bacons

Portrait of Michel Leiris vor Augen, sinnt man unweigerlich darüber nach, wie das Gesicht den Blick gleichzeitig anzieht und sich ihm entzieht. Das zeitgenössische sowohl aussagekräftige als auch funktionale Maskendesign ermöglicht eine kalibrierte Metamorphose der Identität. Dabei mag das eigene Gesicht zwar maskiert sein, doch die Identität wird zur Schau gestellt, nicht unähnlich den auf Gesichtserkennung basierenden Gesichtsfiltern, die es Social-Media-Nutzer:innen erlauben, sich hinter dem Antlitz zu verbergen, von dem sie glauben, es sei ihr wahres.

In der Tat weist die Kulturpolitik der Gesichtserkennung viele Parallelen zur Dynamik der Maskenkriege auf. Während Gesichtserkennungssysteme (GE) zu jemandes Ungunsten eingesetzt werden können und auch werden (wie bei manchen Tracing-Apps), lässt sich die Sozialpsychologie der Technologie nicht nur darauf gründen, wie die Technologie tatsächlich funktioniert, sondern darauf, wie man sich vorstellt, dass sie funktioniert. Manche Gesichtserkennungssysteme, etwa Social-Media-Filter, ermöglichen nicht nur die Kontrolle darüber, wie man aussieht, sondern lassen einen auch sehen, wie man aussieht, weshalb sie wahrscheinlich psychologisch akzeptabler sind als jene – wie etwa Überwachungskameras –, die unbesehen Gesichter beobachten und deuten, ohne dass die Menschen sich selbst im GE-Spiegel betrachten können. Ungeachtet anderer Faktoren kann es sein, dass dem *Gefühl*, die Kontrolle über die Sozialität des eigenen Gesichts und die Identitätskomposition zu haben, bei der Entscheidung über Einwilligung und den »ethischen« Sinn der eigenen Teilnahme Vorrang gegeben wird.

Bei den pandemischen Maskenkriegen geht es im Kern um das richtige Verhältnis zwischen Individuum und Gesellschaft, um die Frage, was es bedeutet, wenn Letztere Forderungen an Ersteres stellt, und ob die damit einhergehenden Verantwortlichkeiten eine Verletzung der Souveränität darstellen oder die Durchsetzung eines geeigneten epidemiologischen Blicks der Gesellschaft. Umstritten bei den Maskenkriegen ist die Verortung des Risikos. Einige, die sich weigern, eine Maske zu tragen, werden die eine oder andere Version der Behauptung vorbringen, dass sie selbst die Risiken eingingen, es daher eine individuelle Entscheidung sei und dass die gesellschaftliche Norm oder das Gebot, eine Maske zu tragen, dementsprechend wieder zur Privatsache werden solle. Dass das maßgebliche Risiko offensichtlich kein privates ist, scheint ihrem Denken aufrichtig entgangen zu sein, und diese Tatsache legt nahe, dass das epidemiologische Modell ihnen womöglich prinzipiell undenkbar ist, sei es buchstäblich oder moralisch.

Hier ist eine ganze politische Philosophie am Werk, die die Gesellschaft nicht als eine voneinander abhängige biologische Gemeinschaft betrachtet, sondern als eine Ansammlung atomisierter Akteure, die sich dafür oder dagegen entscheiden, soziale Beziehungen einzugehen. Auf dem Spiel steht die Art und Weise, wie Gesellschaft definiert wird, wobei das konzeptionelle Primat der Individuation durch die Realität der Bevölkerungsverflechtung infrage gestellt wird. Kein Wunder also, dass der Widerstand so groß ist.

Die wechselseitige Dynamik zwischen funktionalen und expressiven Masken (funktionaler Expressivität, expressiver Funktionalität) ist an sich bereits heikel. »Masken retten

Leben«, sagt eine der Hauptfiguren in der HBO-Fernsehserie *Watchmen*, in der die Polizei Masken trägt, um sich vor rechtsextremen Bürgerwehren zu schützen. Bevor Pestmasken sich zur »Atmotechnik« der Gasmasken des Ersten Weltkriegs entwickelten, betrachtete man die künstliche Filtration über Mund und Nase, die in einigen Fällen mit duftenden, den Gestank des Todes überdeckenden Blumen befüllt war, als Beihilfe für den die Welt um sich einatmenden Träger, lange bevor der medizinische Nachweis über Mikroben überhaupt erbracht worden war. Es genügt wohl zu sagen, dass wir Masken bereits als funktionale Filter benutzten, als wir noch nicht einmal genau wussten, weshalb. Nicht anders verhält es sich vermutlich selbst heute noch hinsichtlich der expressiven Masken.

Die Funktion der Maske als Technik der immunologischen und epidemiologischen Kontrolle wirklich zu verinnerlichen, bedeutet jedoch, sich selbst als Organismus zu begreifen, was wahrscheinlich nicht mit älteren, symbolischen kulturellen Traditionen der Selbstidentität korrespondiert. Und dennoch wird auch dies Teil der Sinnstiftung, durch welche eine lebendige Gesellschaft beschließt, mit maßvoller Vernunft auf sich selbst einzuwirken, und von der die Legitimität ihrer Biopolitik abhängt.

Das nun verdeutlicht die Argumente, mit denen diese Biopolitik von denjenigen als illegitim abgelehnt wird, deren »Anti-Masken«-Gesinnung nicht bloß eine private Entscheidung, sondern die Grundlage einer überaus öffentlichen Performance einer privatisierten Subjektivität darstellt. Angesichts ihrer Orientierung an und Zugehörigkeit zu der populistischen Politik der souveränen Macht, die in fatalem Widerspruch zur Biopolitik steht, ist es schwierig, antibiopolitische Makropolitik nicht mit ihren mikropolitischen Formen in Beziehung zu setzen. Denn wenn populistische Anführer:innen sich auf die Erhabenheit von willkürlichen Symbolen, Autoritätsritualen, Behauptungen einer transzendentalen, organischen Gemeinschaft sowie unüberlegte Kraftakte verlassen, um die Überlegenheit der souveränen Macht über die Bio-Macht zu demonstrieren, tun dann nicht auch die landläufigen Fürsprecher:innen dieser Folklorephilosophie das nämliche?

Wenn dem so ist, stellt sich die Frage, wie willkürlich – wenn überhaupt – die Maske wirklich ist. Einerseits lassen sich viele Fälle beobachten, in denen sich die Politik der Maske von einem Moment auf den anderen veränderte. So galt noch letztes Jahr das Tragen einer Maske in der Hongkonger Öffentlichkeit als an der Grenze zum Aufrührertum, bloß um innerhalb weniger Wochen obligatorisch zu werden. Das Phänomen der Guy-Fawkes-Masken wiederum deutet auf eine andere Art der Beliebigkeit der Maske hin, wurden diese doch zunächst mit Bedeutung überflutet, nur um sie ihnen dann fast über Nacht wieder zu entziehen. Angefangen bei dem Film *V wie Vendetta* aus dem Jahr 2005 über die Occupy-Bewegung und den Arabischen Frühling bis hin zu den Anti-Lockdown-Kundgebungen im ländlichen Ohio, die einer Szene aus *Dawn of the Dead* glichen, veränderte sich der Gehalt dieser ganz bestimmten Maske von einer ohnehin schon vagen Botschaft – »Wir sind die anonyme Masse, und ihr könnt uns nicht besiegen, denn wir sind überall, bla, bla, bla« – zu einer praktisch inexistenten: »Zugegebenermaßen weiß ich nicht genau, was ich sagen soll, aber ich bin wütend und werde daher meinen allgemeinen Unmut kundtun.« Die Symbolik der Guy-Fawkes-Maske ist mittlerweile in eine vollkommene Bedeutungslosigkeit umgekippt.

Auf diese Weise erscheint die Kultur der »Technologieverweigerung« der Anti-Masken-Politik nicht willkürlich, sondern als eine positive Affirmation einer Weltanschauung, die sowohl souveräne Individualität als auch kulturelle Mythologien als wahrhaft mächtiger und relevanter einstuft als die biologische Realität, die durch die Oberfläche dieser Fiktionen hindurchbricht. Die Maske zu negieren bedeutet also, die säkulare Biopolitik zugunsten einer traditionellen Alternative zu negieren, für die der Sozialkonstruktivismus im Grunde genommen die radikale Determinante darstellt. Dazu muss eine bestimmte, diesen Gedanken verleumdende Aussage zurückgewiesen werden, nämlich dass die Realität aus einem biochemischen Tumult besteht, der dem womöglich darauf aufbauenden symbolischen Prestige vorausgeht und gleichgültig gegenübersteht.

Die sozialen Normen, die dem epidemiologischen Blick der Gesellschaft innewohnen, sowie die Gegenreaktionen darauf erinnern an die Versuche, die darwinsche Evolutionstheorie in den Schullehrplänen zu verankern, die die Welt für junge Köpfe modellieren. Es handelt sich dabei nicht bloß um eine Frage bezüglich umstrittener Begrifflichkeiten, sondern um einen ontologischen Affront, insofern deutlich wird, dass die subjektiven Intuitionen souveräner Macht und ihre nicht-säkularen Hilfssysteme machtlos sind gegenüber den zugrunde liegenden unpersönlichen, der Welt tatsächlich Gestalt verleihenden Kräften. Die Antwort darauf ist eine Verleugnung des Realen.

Die Unheimlichkeit dieser brodelnden Unterströmung an Kräften, ihr aufdringliches Omen, ihre Anmaßung, buchstäblich in unserem Blut zu zirkulieren, ist auch der Grund für die immunologische Hysterie der Anti-Impf-Bewegung, die sich rasch mit den Maskenverweigerern verbündete und ihnen strategische Blaupausen zur Verfügung stellte. Als sie vereint auf den Stufen des Kapitols standen und ihre imaginären Geiselnehmer:innen anprangerten, begann eine Bewegung, sich ihrer eigenen Bedeutsamkeit bewusst zu werden. Ein Beleg für die nicht-arbiträre Kohärenz der Anti-Masken-Kultur ist ihre globale Reichweite und Struktur sowie ihre Anschlussfähigkeit an reaktionäre Ideen und Ideologien aller Couleur, sodass selbst einander widersprechende Verschwörungen eine gemeinsame Grundlage fanden, um das unveräußerliche subjektive Recht, an Schwachsinn zu glauben, zu verteidigen.

Unzweifelhaft ist die Bandbreite der persönlichen Beweggründe, das Tragen einer Maske aktiv abzulehnen, sowohl mannigfaltig als auch kongruent zu entsprechenden Weltanschauungen. Manche bezeichnen das Tragen einer Maske als »beschämend« und als »Zeichen von Schwäche« oder des »unterwürfigen Gehorsams«. Sie sind geprägt von einem aktivistisch-narzisstischen Solipsismus, dessen private affektive Disposition von der breiten Masse niemals infrage gestellt werden darf, und erheben einen absurden perspektivischen Relativismus zum Grundprinzip der Würde. Manche dieser Menschen sind dazu auserkoren, im spektakulären Theater der Pandemiepolitik den Bösewicht zu spielen und so dem Rest von uns zu versichern, dass wir die Guten sind.

Der umgangssprachliche Name für den archetypischen Bösewicht lautet »Karen«. Bei dieser Figur handelt es sich für gewöhnlich um eine weiße Frau, deren Interaktionen mit anderen von einer toxischen Mischung aus privilegierter Herablassung, Selbstgerechtigkeit und possierlicher Uneinsichtigkeit geprägt sind. Die Figur der Karen ist ein:e Hysteriker:in, mit allen damit einhergehenden misogynen Tropen, aber angereichert um einen besonderen Twist. Wenn, wie Alexander Galloway es ausdrückt, »der Hysteriker derjenige ist, der verbissen die Einheit des Herrschers anficht, indem er ebendiese Einheit ›irrational‹ negiert, sie mit einer Übermäßigkeit überwältigt, indem er genießt, anstatt sich zu fügen, indem er *vom Symbolischen ins Reale abdriftet*«,[9] dann stellt die Karen-Figur das genaue Gegenteil dieser Diagnose dar. Es handelt sich um eine Form der Hysterie, die sich mit aller Macht darum bemüht, *das Reale zu negieren, indem sie/er ins Symbolische abdriftet*, während der Einbruch des biologischen Realen mithilfe der Kraft der subjektiven Affirmation auf magische Weise weggezaubert wird.

Karens Rolle innerhalb der Lockdown-Kultur erstreckt sich zugleich auch auf ihre Karriere, Schwarze Menschen dafür zu schikanieren, öffentliche Räume auf eine Weise zu nutzen, die sie in dem Gefühl bestätigt, dass man nicht aus der Rolle heraustreten sollte, die einem:r innerhalb einer paranoiden Sicht der Welt zugewiesen ist. Die pandemische Onlinekultur war voll von Videos, in denen filmende Menschen in die Augen schimpfender Karens starrten, sie neu rahmten und den von *race*- und Klassenprivilegien schwangeren Blick, den manche Menschen, die den Karens zufolge als gefährlich gelten, tagtäglich ausgeliefert sind, erwiderten.

In den viralen Clips ihrer Eskapaden kehrt die Linse der Handykamera Karens Aufsichtsrolle um. Nun ist es nicht mehr sie, die die Polizei ruft und den entscheidenden Blickwinkel für sich in Anspruch nimmt, sondern die Millionen von Zuschauer:innen, die beobachten, wie sie geframet wird. Es spricht Bände, dass die Figur der »Karen« sowohl von der Person gemimt wird, die sich auf polizeiliche Befugnisse beruft, um ihre Wahnvorstellungen von *race*- und Klassenprivilegien durchzusetzen, als auch von derjenigen, die sich gegen einen imaginären Polizeistaat behauptet, der sie auffordert, ihre Mitkonsument:innen nicht anzustecken. Es handelt sich bei ihr nicht ohne Grund um ein und dieselbe Person.

Angesichts der Tatsache, dass wir wahrscheinlich noch einige Zeit Maske tragen werden, ist davon auszugehen, dass mit dem Wandel der Masken auch eine Veränderung der sozialen Identitäten einhergehen wird. Die funktionalen Expressionen und die expressiven Funktionen des künstlichen Gesichts sowie dessen Modi biopolitischer Solidarität werden sich gemeinsam entwickeln. Versteht man die Maske nämlich als eine Technologie der Intimität zu einem Zeitpunkt, in dem andere Formen der taktilen Intimität kaum zur Verfügung stehen, erweist sie sich als Aushandlung des Vertrauens. Der Handschlag galt als eine Geste des Vertrauens durch direkte Berührung und könnte es auch eines Tages wieder sein. Zum gegenwärtigen Zeitpunkt jedoch büßen Fremde, die ihre Hand ausstrecken, all ihre Vertrauenswürdigkeit ein. Nicht anders funktioniert die gegenseitige Vertrauenswürdigkeit der prophylaktischen Maske. Ich erinnere mich, dass zu Beginn der Pandemie nicht wenige Leute sagten, sie würden potenzielle Einschränkungen der sozialen Intimität nicht hinnehmen, um »der Fremdenfeindlichkeit entgegenzutreten«, wodurch direkte Parallelen zwischen einwanderungs- und virusfeindlichen Geisteshaltungen nahegelegt wurden. Doch sie lagen falsch. Die Solidarität, die sie sich vorstellen, besteht darin, sich mit allen erforderlichen Mitteln gegenseitig zu beschützen, nicht darin, sich an irgendwelche überkommenen Verhaltensweisen zu klammern.

Im Anschluss an Covid sollte sich die Politik mit anderen Pandemien befassen, um herauszufinden, wie Intimität durch biopolitischen Realismus gewährleistet werden kann. Während der HIV-Epidemie wurden Kondome zu einem wichtigen Bestandteil der Reaktion auf AIDS sowie der Politik nicht nur des schwulen Sex, sondern auch der schwulen Communitys. Abgesehen davon, dass sie die Aussicht darauf boten, körperliche Intimität mit anderen auch weiterhin zu gewährleisten, taten sie dies auf eine Weise, die sich der zugrunde liegenden biologischen Realität des eigenen Körpers als Übertragungsvektor bewusst war, unabhängig von den Gefühlen der Liebe und Zuneigung, die jemand für den Körper eines anderen verspüren mag. Ihre Macht beruhte auf der gegenseitigen Anerkennung, dass Liebende einander Schaden zufügen können, egal was sie füreinander *empfinden*. Es ist nicht meine Absicht, einen gar zu direkten Vergleich zwischen den beiden Pandemien anzustellen. Vielmehr möchte ich zwei entscheidende Lektionen hervorheben: Berührungslosigkeit kann wirkliche Fürsorge entfachen und verwirklichen, und die Entkopplung von affektiver Intentionalität und ethischer Schädigung stellt die Grundvoraussetzung einer realistischen Biopolitik dar.

15. Die Ethik des Objektseins

Das plötzliche, jedoch unbeholfene Aufkommen von Gesichtsmasken im Westen bringt eine noch radikalere Konfrontation mit den Grenzen des *Subjektiven per se* mit sich. Denn es führt vor Augen, dass man unbenommen der subjektiven ethischen Intention, unbenommen von Gut oder Schlecht, ein Ansteckungsvektor bleibt. Wie gesagt, spielt es dabei keine Rolle, ob man jemandem Gutes tun oder Schaden zufügen will – die biologische Nähe zu anderen wird so oder so Gutes oder Schlechtes bewirken. Die subjektive Absicht ist irrelevant.

Ein Quell der Verwirrung für viele ist die Verlagerung der Ethik von einer Position, die den subjektiven moralischen Willen kalibriert, hin zu einer Position, die das eigene Selbst und den eigenen Körper als ein Objekt innerhalb eines Kausalzusammenhangs mit der Welt begreift. Oftmals wird nämlich angenommen, dass Handlungsmacht und Subjektivität (wenn nicht sogar Identität) synonym seien, doch die konsequentialistische Ethik, ein Objekt zu sein (und weniger ein Subjekt), funktioniert anders. Die Resultate sind kein Spiegel eines inneren Geisteszustands. Sie sind nicht geradewegs auf öffentliche Demonstrationen, Aufführungen und Rituale angewiesen, um physische Veränderungen herbeizuführen. Entscheidend sind die Implikationen für andere biopolitische und ökopolitische

Gegebenheiten, wie etwa die Bekämpfung des Klimawandels.

Der im Maskenkrieg so geläufige Irrtum – dass Risiken privatisiert werden könnten – ist nicht ganz zufällig, bedenkt man, dass bereits die Sozialethik auf moralischer Subjektivität gründet. Im Gegensatz zur epidemiologischen Gesellschaftskonzeption versteht diese Praxis Ethik als individuelles Kalkül aus Risiko, Belohnung und Konsequenzen. So geht man davon aus, dass diejenigen mit nacktem Gesicht es nicht böse meinen und sich womöglich sogar einbilden, allein die Last des allgemeinen Risikos zu schultern. Diese Verwechslung von subjektiver und objektiver Ethik ist ein zweischneidiges Schwert, insofern sich jemand mit einer positiven subjektiv-moralischen Veranlagung genauso gut einbilden könnte, dass das Ausbleiben von Leid, das sein Tragen einer Maske zur Folge hat, gewissermaßen auf seine persönliche Intention zurückzuführen sei. Was es keineswegs ist. Ansteckend zu sein heißt nicht, ein schlechter Mensch zu sein, aber es bedeutet, dass man, ungeachtet der eigenen Wünsche, jemand anderem Schaden zufügen kann. Das Leid, das eine Person einer anderen zufügt, hat nichts mit der affektiven Verbundenheit oder der Feindschaft zu tun, die sie füreinander empfinden mögen.

Die Rache des Realen erwächst aus den ethischen Herausforderungen, vor die uns die Erkenntnis stellt, dass das Virus unseren Moralvorstellungen gleichgültig gegenübersteht. Eine geeignete postpandemische Politik kann nicht ausschließlich auf der Kalibrierung der subjektiven Intention beruhen, zumal es sich bei der subjektiven Intention nicht um die alleinige Ursache für jene Wirkungen handelt, die wir hervorbringen oder verhindern wollen. Dies stellt auch eine Herausforderung für die politische Philosophie dar, da es die Konzeptualisierung einer *Ethik des Objektseins* und weniger des Subjektseins erforderlich macht, was offensichtlich für alle schwierig und für manche kränkend ist. Das liegt nicht zuletzt daran, dass viele Menschen über lange Zeit hinweg in Positionen gedrängt wurden, in denen ihre soziale Identität getilgt oder verwischt wurde, indem sie zu einem menschlichen Objekt gemacht wurden.

Und doch reicht die private Vokalität des subjektiven Determinismus nicht aus. Der extreme Subjektivismus, der uns auffordert, »der Wandel zu sein, den wir in der Welt sehen möchten«, als ob innere mentale Zustände die äußere Welt *verursachen* würden, ist nicht die Lösung für den Neoliberalismus; er ist dessen Höhepunkt.

Diese Hinwendung zum Gegenständlichen hat allein mit der Biopolitik der medizinischen Versorgung und der Beziehung zwischen Unmittelbarkeit und Abstraktion zu tun. Der Körper als medizinisches Objekt ist ein reales Ding, ist aus Fleisch und Blut und Tränen. Jede:r von uns lebt zu unterschiedlichen Zeiten in einem Körper als medizinischem Objekt. Bei Bedarf fügen wir uns dieser Gegenständlichkeit und erhalten dementsprechend Betreuung. Wenn bei jemandem Fieber gemessen wird oder diese Person intubiert wird oder ihre inneren Organe durch Hautpunktionen und abgenommenes sowie untersuchtes Blut überwacht werden, basiert die Behandlung nicht ausschließlich auf dem von den Symptomen gezeichneten Bild dieses einen Körpers. Vielmehr behandelt man diesen speziellen Körper auf Grundlage medizinischen Wissens über alle Körper, die ähnliche Symptommuster aufweisen, als auch all jener Körper, die dem Virus Wirt waren. Diese Abstraktion – die Übertragung zwischen einzelner Patientin und dem generischen Menschen – ist der Stoff, aus dem sowohl High-Tech- als auch High-Touch-Expertise gemacht sind.

Dies hebt zugleich ganz allgemein die Rolle der Modellabstraktion innerhalb einer positiven Biopolitik hervor. Die Fähigkeit nämlich, den singulären Körper, der vor einem steht, zu versorgen, erfordert das Moment, in dem er zu einem *beliebigen Körper* wird, auf den eine auf jahrelanger Mustererkennung basierende medizinische Modellabstraktion als Behandlung angewendet werden muss. Hierbei handelt es sich um ein epistemologisches Verhältnis, nicht bloß um ein affektives. Aufgrund der medizinischen Fachkraft ist dies ein Modell, das die Welt vermittels sorgfältiger Expertise rekursiv sensorisch erfasst und auf sie zurückwirkt, was durch bloße Berechnung unmöglich wäre. Die Ärztin mag sich auf einer zwischenmenschlichen Ebene in hohem Maße um ihren Patienten sorgen, doch zu seiner Behandlung wird sie wahrscheinlich eher in der Lage sein, weil sie ihn als Objekt sieht.

Nimmt man dies ernst, sind die Implikationen weitreichend. Das eigene Verständnis von Bioethik würde sich dann nicht nur auf den Schutz der Privatsphäre und die Prävention der Gewalt, wie ein bloßes Objekt behandelt zu werden, erstrecken, sondern auch auf die bewusste und ethische Selbstobjektivierung als verantwortungsvoller Teilnehmer an den Modellabstraktionen, durch welche die Sorge um andere realisiert wird. Eine bioethische Überakzentuierung der Unantastbarkeit des souveränen Individuums sowie des Schutzes vor Überintervention, Übersensibilisierung und Überobjektivierung kann dazu führen, den mangelnden Zugang zu medizinischer Versorgung, der gerade auf Unterintervention, Untersensibilisierung und exklusiven Modellen basiert sowie die damit einhergehenden ethischen Probleme, zu verharmlosen. Menschen in sozioökonomischen Situationen, die sie daran hindern, die medizinische Versorgung zu erhalten, die sie benötigen, dürften weniger über die psychologische Kränkung, durch medizinische Abstraktion wie ein Objekt behandelt zu werden, besorgt sein, als über die tatsächliche existenzielle Gefahr, überhaupt nicht behandelt zu werden. Aus diesem und vielen anderen Gründen stellt sowohl eine defekte Sensorschicht als auch die Unfähigkeit, eine inklusive und gerechte Biopolitik zu kohärieren, selbst eine Form kollektiver Gewalt dar.

Wenn Modellabstraktionen, die in jahrelanger fachmännischer Sorgfalt und mit kollaborativem Feinschliff entwickelt wurden, zu einer Frage von Leben und Tod werden, rückt ein differenzierterer Ansatz in den Fokus, sowohl in Bezug auf die Frage, was invasive »Überwachung« ist und was nicht, als auch darauf, wie eine Gesellschaft sensorische Erfassung und Modellierung durchführen sollte, um sich selbstbewusst komponieren zu können. Gleiches gilt für Klimamodelle, die eine ähnliche Abrechnung mit einer sozialen »Ethik« einfordern werden, die darauf beruht, mittels subjektiv-moralischer Gesten die planetarische Geochemie zur Veränderung zu bewegen, anstatt auf direkteren Eingriffen in einen komponierten Zustand.

Selbstverständlich wird die Art und Weise, wie diese postpandemische Politik die tief verwurzelte, wirkmächtige Kultur des Individualismus, Subjektivismus und des Erfahrungsdenkens verkompliziert, lautstarke Reaktionen und Widerstand hervorrufen. Diese Gewohnheiten und Impulse bilden nun einmal den Kern des westlichen sozialen Denkens; warum also sollten sie einfach klein beigeben? Man dürfte richtig in der Annahme liegen, dass derartige Widerstände nicht allein von den erwartbaren rechtsgerichteten Kulturen ausgehen werden, die der Bio-Macht noch bis zum buchstäblichen Ende der Welt die souveräne Macht vorziehen würden, sondern auch – und es tut mir leid, dies sagen zu müssen – von Philosoph:innen, zu denen die Menschen aufgeschaut haben, um zu erfahren, was die Wechselbeziehungen zwischen Biologie, Politik und dem Körper waren und sein sollten.

Man lausche etwa der Angst in jener Stimme, die schon weiter oben zu vernehmen war: »Die Frage, um die es geht, ist das neue ›normale‹ biopolitische Verhältnis zwischen Bürger und Staat. Es geht nicht mehr um die freie und aktive Teilhabe an der politischen Ebene, sondern um die Aufnahme und Erfassung des *privatesten und unmittelbaren Elements [der Subjektivität]: das bio[politische] Leben der Körper.*«[10] So steht es bei dem italienischen Philosophen Giorgio Agamben. Aber um es noch einmal zu sagen: Das »biopolitische Leben der Körper« ist weder unkommunizierbar noch die Grundlage einer privaten Subjektivität, wie allen klar sein sollte, die auch nur ein rudimentäres Interesse an modernen biologischen Erkenntnissen, geschweige denn an Epidemiologie aufweisen.

Vielleicht hätten wir es bereits im Ansatz kommen sehen können, aber dass es eine der katastrophalsten und groteskesten Selbstentlarvungen in der Geschichte der Philosophie würde, damit konnte niemand rechnen.

16. Agamben auf Abwegen

Es wäre falsch zu behaupten, Philosophie hätte inmitten der Pandemie die benötigte Weisheit geboten, die der Gesellschaft eine Vorstellung davon vermitteln würde, was auf dem Spiel steht und wie man damit umzugehen hat. In mehr als nur ein paar Fällen war die Reaktion der Philosophie sogar alles andere als hilfreich. Daraus schließe ich, dass die postpandemische Politik durch eine andere Art von politischer Philosophie beseelt werden muss als bisher üblich.

Gut möglich, dass Giorgio Agamben mit seinen zahlreichen wahnhaften und offen gesagt peinlichen Veröffentlichungen zur Covid-19-Pandemie noch das letzte Bisschen, das von seiner Reputation als Intellektueller vorhanden war, zerstört hat. In einer über mehrere Wochen hinweg publizierten Serie zunehmend bizarrer Leitartikel brachte er sein ganzes Lebenswerk in Verruf. Von nun an wird man ihn, denke ich, niemals mehr ohne Disclaimer zitieren können. Das soll nicht heißen, dass sein gesamtes Schaffen nun jeglicher Bedeutung entbehrt, doch lässt es sich nicht mehr ohne die Tatsache betrachten, dass in dem Moment, in dem es am dringendsten einer biopolitischen Philosophie bedurfte, ihr Autor den Verstand verlor. Die Signifikanz für die postpandemische Biopolitik liegt hierbei nicht allein darin, dass irgendein Siebzigjähriger keine sonderlich hilfreiche Bezugsgröße darstellt, sondern insbesondere darin, dass diese

Episode vor Augen führt, wie viel Arbeit noch vor uns liegt und wie kaputt und verängstigt der westliche theoretische Diskurs hinsichtlich Biologie, Politik und Design in Wirklichkeit ist. Aus diesem Grund lohnt es sich zu versuchen, sich einen Reim auf das zu machen, was da vorgefallen ist.

Zu Beginn der Pandemie, als in Europa die ersten Ausbrüche zu verzeichnen waren, nahmen sich die ersten Reaktionen darauf teilweise in höchstem Maße irrgeleitet aus. Erinnern wir uns etwa an die von mir erwähnte Unterhaltung mit dem Technologietheoretiker, der argumentierte, dass allgemein verpflichtende Tests abgewendet werden müssten, da sie dem »größeren Problem«, der »Big-Data-Biopolitik« Vorschub leisten würden; und der seine Studierenden sogar aufforderte, Tests aus diesen Gründen zu verweigern. Ferner legte er nahe, dass der »Ausnahmezustand« auf längere Sicht »Städte in *Lager* verwandeln« würde. Woher stammt dieser Sprachgebrauch, und wie kommt es, dass er dermaßen schnell zur Hand war?

Leser:innen, die nicht mit Agambens Werk vertraut sind, sei gesagt, dass er für mehrere ineinandergreifende Konzepte und Begriffe bekannt ist, darunter »Ausnahmezustand«, *homo sacer*, *zoe* und *bios*, das »Lager« und *nomos*. Agamben erläutert sein Modell der politischen Souveränität in Anlehnung an das Werk Carl Schmitts, indem er betont, dass die letztgültige Souveränität nicht bei der formellen Exekutive in einer Rechtsordnung liegt, sondern in der Fähigkeit, den Ausnahmezustand auszurufen, während dem Gesetze ausgesetzt und Notstandsbefugnisse erlassen werden. Begründet wird diese Rahmung von Agamben vermittels einer Studie über die verworrenen rechtlichen Ursprünge der Konzentrationslager der Nazizeit. Doch anstatt diese als Ausnahme vom herkömmlichen Gang der Dinge zu betrachten, argumentiert er, dass »das Lager« als räumlich-politische Typologie in Wirklichkeit der allgemeine *nomos* der Moderne sei, sprich ihr grundlegendes räumlich-rechtliches Organisationsprinzip. Nach dem 11. September 2001 wurde Agambens Werk weithin in Anspruch genommen, um Institutionen wie Guantanamo Bay sowie den Patriot Act zu erklären.

Mit anderen Worten: Für ihn sind Lager im Grunde allgegenwärtig, wenn man nur zu sehen weiß. Die Ausnahme ist die Regel. Was aber machen die Lager mit uns allen? Laut Agamben äußern sie sich in unserer Animalisierung. Und damit führt er den *homo sacer* ein, eine degradierte Figur des Menschen, die ihrer sozialen Identität beraubt, auf frei verfügbares Fleisch und bloße biologische Materie reduziert ist. Sie ist noch nicht einmal der Opferung würdig, verfügt sie doch über keinerlei Wert. In mehr oder weniger starkem Maße bevölkern diese elenden Körper nicht nur die Lager der Nazis, sondern in gewisser Weise alle Lager der modernen Welt.

Die grundlegende Unterscheidung, die Agamben zwischen der lebenden Person und dem wandelnden Toten zieht, beruht auf den beiden aristotelischen Begriffen für das Leben: *bios* und *zoe*. *Bios* ist ein durch politisches Handeln und Partizipation »qualifiziertes« Leben, ist Selbstgestaltung des guten Lebens, Staatsbürger:innenschaft und individuelle Artikulation derselben, wohingegen *zoe* das »nackte Leben« meint, das durch den animalischen Status eines Organismus ohne Vernunft, ohne Charakter und letztlich auch ohne Göttlichkeit definiert wird.

Wie wir noch sehen werden, ist es die uralte Assoziation von der biologischen Animalität des Menschen mit *Erniedrigung* auf der einen sowie von symbolischem Prestige mit Göttlichkeit und *Freiheit* auf der anderen Seite, die Agamben in Bezug auf Covid-19 seine unseligen Schlüsse ziehen ließen.

Was die Lager betrifft – die realen als auch diejenigen, die ihm zufolge »allgegenwärtig« sind (in Krankenhäusern, Flughäfen, Büros und insbesondere vor dem Computer) –, so sind sie nicht nur eine Form der Biopolitik, sondern verkörpern deren Negativität. Im Wandel der Souveränität von der Figur des Monarchen oder der Kirche hin zur rechtlichen Kontrolle der Bevölkerung erweist sich das Lager als das, was Biopolitik in ihrer reinsten Form *eigentlich* ist. Der Staat, der diese Kasteiung vollstreckt, ist nicht nur ein Instrument der profanen Grausamkeit – er ist eine falsche moralische Autorität, die unweigerlich an die Stelle der Kirche tritt, die ihre Rolle als letzte Instanz über Leben und Tod veräußerte und, in Agambens Worten, zur bloßen »Magd der Wissenschaft«[11] verkam. Verdammter Galilei.

Dem jähen Einbruch der epidemiologischen Pandemierealität begegnete man in seiner Heimat Italien zunächst mit bestürzter Leugnung und willentlichem Unverständnis, was schließlich in einem flächendeckenden Lockdown mündete, der wiederum geradewegs den Zorn von Agambens Feder auf sich zog. Im Februar 2020 erschien als einer der ersten in einer Reihe von kurzen Essays »Die Erfindung einer Epidemie«, in dem Agamben nahelegte, dass es sich um einen großen Schwindel handele und seine Leser:innen konfrontiert seien mit den »hektischen, irrationalen und völlig unbegründeten Notfallmaßnahmen zur Bekämpfung einer vermeintlichen Epidemie durch das Coronavirus«.[12] Er behauptet, dass das Ganze ein abgekartetes Spiel des Staates sei, der die Menschen seit langer Zeit schon dafür abgerichtet habe. Die Implikation, die er in späteren Beiträgen näher ausführt, lautet, dass die »militarisierte Sprache« der Pandemie in gewisser Weise den Prozess der Ansteckung und der Quarantäne generiere, anstatt eine Reaktion auf die zugrundeliegende Realität der Körper des Homo sapiens, der infektiösen Viren und der epidemiologischen Umstände zu sein. Wir dürfen ihn ruhig beim Wort nehmen: Was ihn an der Situation am meisten ängstigt, ist diese fundamentale »Neukonzeption des Lebens«.

Der Beitrag löste bei vielen von Agambens Kolleg:innen Verwirrung, Betretenheit und Empörung aus, so auch bei Jean-Luc Nancy, der am darauffolgenden Tag einen Artikel mit dem Titel »Virale Ausnahme« verfasste, in dem er sich mit dem Verweis darauf, dass Zusammenhänge aller Art fester Bestandteil unserer Leben seien, von »einem alten Freund« distanzierte. Zugleich erzählte Nancy, dass Agamben ihm dreißig Jahre zuvor davon abgeraten habe, auf die ihm eine Herztransplantation empfehlenden Ärzt:innen zu hören, und dass er, wenn er auf ihn gehört hätte, heute tot wäre. Unmissverständlich deutet er damit an, dass wir, beherzigten wir Agambens Angst vor der modernen medizinischen Konzeption des biologischen Körpers, nun ebenfalls sterben könnten.

Je länger die Pandemie und die Lockdowns andauerten und je höher sich die Leichen buchstäblich stapelten, desto stärker beharrte Agamben auf seiner Position. Es folgten mehrere Leitartikel, darunter »Ansteckung« und »Klarstellung«, die wenige Wochen später veröffentlicht wurden, und dann »Überlegungen zur Pest«, »Soziale Distanzierung«, »Neue Überlegungen«, »Die Medizin als Religion«, »Biosicherheit und Politik«, »Die Gesichtslosen«[13] und andere, von denen ein jeder mit eindringlicher, uninformierter Prosa die »technologisch-gesundheitliche[] Zwangsherrschaft«[14] der Quarantänen und den »Faschismus« des medizinischen Blicks im Allgemeinen anprangert.

Er verleiht den Themen, denen auch in YouTube-Verschwörungsvideos wie etwa »Plandemic« nachgegangen wird, eine viel elegantere Note: dass dies alles ein Komplott der Neuen Weltordnung sei, um uns aus reinem Selbstzweck einzuschließen, dass es sich beim invasiven Eindringen in den Körper mit Nadeln und Impfstoffen um eine Militarisierung des Fleisches handele und dass die Unterdrückung der affektiven Sozialität des nackten Gesichts regelrecht entmenschlichend wirke. Man müsse nämlich wissen, dass sich die biomedizinischen Eliten, nachdem der Krieg gegen den Terror nicht länger habe mobilisieren können, einer heimtückischeren und weitaus persönlicheren Taktik zugewandt hätten. »[D]ie diffuse Unsicherheit und Angst, die sich in den letzten Jahren [...] eingeschlichen hat, um von dort aus ein Bedürfnis nach kollektiven Panikzuständen auszulösen – ein Bedürfnis, dem die Epidemie einmal mehr einen idealen Vorwand liefert.«[15] Stellte man sich Alex Jones nicht als den guten alten Kerl aus Texas vor, sondern als Heidegger-Seminaristen, würde man eine ungefähre Ahnung davon bekommen, wie Agamben mit der Bitte um öffentliche Stellungnahme zur Covid-19-Pandemie umgegangen ist.

Anstatt dass die Lockdowns das Ergebnis einer inkompetenten und mangelhaften Vorbereitung sowie eine Krise waren, die auf das *Fehlen* einer funktionsfähigen Regierungsführung zurückzuführen ist, wurden sie Agamben zufolge sorgfältig berechnet und zum Zwecke der Unterbindung von sozialer Intimität und aller damit verbundenen Gefahren für die Konsensrealität fabriziert:

> Noch trauriger als die durch die Verordnungen bedingten Freiheitseinschränkungen ist aber in meinen Augen die Gefahr, die sich darin ebenfalls verbirgt, eines Verfalls der zwischenmenschlichen Beziehungen. Dem anderen, selbst einem geliebten Menschen, darf man nicht mehr nahekommen, geschweige denn ihn oder sie berühren. Im Gegenteil: Zwischen uns muss ein Abstand von einem Meter liegen, sagen die einen, während *andere Experten* neulich einen Abstand von sogar 4,5 Metern empfohlen haben (bemerkenswert finde ich vor allem jene fünfzig Zentimeter!).[16]

Die Besonderheit, ja Perversität des Lockdowns liegt zwar tatsächlich in der ungewohnten Separierung von sozialem Wohlbefinden und direkter Berührung, doch Agamben und seine Denkschule können nicht einsehen, weshalb dies etwas anderes sein sollte als eine diktatorische Choreografie von Körpern innerhalb eines Lagers. Was ist die ultimative Agenda der sogenannten Expert:innen mit ihren ausgefallenen Zahlen, die die intuitive Vertrautheit der rituellen Berührung zu untergraben suchen?

> Doch kann man sich nur schwer des Eindrucks erwehren, dass die jetzigen Verordnungen genau jene Zustände herbeiführen, die die Regierenden bereits mehrmals angestrebt hatten: Sei es […], dass man endlich aufhört, sich zu versammeln und über politische und kulturelle Angelegenheiten zu reden, um stattdessen nur noch digitale Textnachrichten auszutauschen; sei es, dass man jeden menschlichen Kontakt (und jede Ansteckung) tunlichst meidet, indem man Nähe durch Maschinen ersetzt.[17]

Diese Denkweise fand ihren vorläufigen Höhepunkt mit dem am 24. Mai 2020 veröffentlichten »Requiem für die Studierenden«, in dem Agamben einige Überlegungen zur Widerstandsfähigkeit der Gesellschaft anstellt, um unter pandemischen Bedingungen auszuharren (wie gut oder unglückselig auch immer). Mit bestechender Klarheit hatte der Philosoph, der dafür bekannt ist, überall die Architektur des Völkermords zu sehen, Folgendes über Online-Seminare zu sagen:

> Die Professoren, die sich gerade der neuen telematischen Diktatur in Scharen unterwerfen und bereit sind, ihre Vorlesungen nur noch online abzuhalten, sind das perfekte Gegenstück zu jenen Universitätsdozenten, die im Jahr 1931 einen Treueid auf das faschistische Regime leisteten. Wie bereits damals, so werden vermutlich auch diesmal nur fünfzehn von tausend Professoren die Treue verweigern. Ihre Namen werden eines Tages nebeneinanderstehen.[18]

So viel dazu.

Trotz seiner Übertreibungen sind dies mehr als bloß die bedauerlichen Ausbrüche eines alternden Geistes, der am Ende seiner Kräfte ist. Agambens Äußerungen basieren allesamt auf seiner seit langer Zeit bestehenden kohärenten Theorie vom Verhältnis zwischen Biologie und Politik. Im Grunde genommen handelt es sich also um einen ausgeklügelten Versuch, ein vordarwinistisches Konzept des menschlichen Körpers zu verteidigen und wiederzubeleben. Und hierin zeigt sich im Wesentlichen die Grundlage seiner bestätigten Verbundenheit mit anderen Maskenverweigerungsreaktionären und zugleich – und bedeutsamer – die Grundlage seines philosophischen Biopolitikbegriffs sowie der zentrale Unterschied zwischen seiner negativen Biopolitik und dem dringend benötigten positiven biopolitischen Projekt. Wenn er schreibt, dass eine »der menschenunwürdigsten Folgen der Panik, die man in Italien im Zuge der *sogenannten Coronavirus-Epidemie* mit allen Mitteln zu verbreiten versucht, [...] sich in der *Idee der ›Ansteckung‹*«[19] selbst findet, dann ist klar, wo laut ihm die eigentliche Kampflinie verläuft. Dass das Leben auf mikroorganismischer Ebene verflochten und auf andere Dinge angewiesen ist, dass das Symbiotische und das Parasitäre Bedingungen des Lebens sind und dass diese Prozesse, was am verheerendsten ist, unabhängig von der sie organisierenden Macht sozialer Rituale vonstattengehen, erweist sich für Agamben als eine *kosmisch unerträgliche* Definition dessen, was es bedeutet, als menschlicher Körper zu leben. Für ihn ist Ansteckung eine Sache der Kirche, nicht ihres säkularen Gegenstücks, des Staats.

In »Ansteckung« und »Überlegungen zur Pest« gibt es einige praktische Ratschläge, wie die sie vermittelnde Gesellschaft mit der Pandemie umgehen sollte. Als Vorbild für die heutige Zeit nennt er die Pest, die 1576 Mailand verheerte, was ungefähr so gut funktioniert, wie man erwarten könnte. Denn was ist mit der mikrobiellen Theorie der Infektion, also der Keimtheorie? Was mit der Funktion weißer Blutkörperchen? Geschenkt. Vielleicht ist seitdem einfach nichts wissenschaftlich Relevantes mehr in Bezug auf die Eindämmung von Seuchen ans Licht gekommen, weil für ihn die Wissenschaft selbst den erklärten Gegner darstellt. So viel zumindest legt er in dem Beitrag »Eine Frage« dar, in dem er den wahren Ursprung der ethischen und politischen Komplexität der Covid-Pandemie identifiziert und untersucht, wie es dazu kommen konnte, »dass die Schwelle, welche die Menschlichkeit von der Barbarei trennt, überschritten wurde«.[20] Er führt dies darauf zurück, dass »[v]or allem die Kirche [...] – indem *sie sich zur Magd der Wissenschaft gemacht hat*, der neuen Religion unserer Zeit – ihre wesentlichen Prinzipien radikal verleugnet. Die Kirche unter einem Papst Franziskus hat vergessen, dass Franziskus die Leprakranken umarmte.«[21] Sobald also das Papsttum die höchste Autorität über Fragen des Lebens und des Todes an das falsche Königreich der säkularen Wissenschaft abgetreten hatte, soll der Weg vom Heliozentrismus über Darwin und Auschwitz bis hin zu den Covid-Lockdowns gewissermaßen unumgänglich gewesen sein?

In einem Glanzstück intellektueller Projektion erkennt Agamben den wesentlichen Effekt dieser Usurpation in der katastrophalen konzeptuellen Spaltung zwischen »geistigem« und biologischem Leben, was verdächtig ähnlich klingt wie die Dichotomie *zoe* versus *bios*, auf der er seine eigene politische Theorie begründet. Die vollends verwirklichte Paranoia, die dieses selbstzerstörerische Manöver in ihm zum Vorschein bringt, zeigt sich in seiner Tendenz, unbelehrbar für einen Gedanken einzustehen und sich, ohne zu zögern, selbst auf das Übernatürliche zu berufen:

> Dies konnte geschehen – und hier berühren wir die Wurzel des Phänomens –, weil wir die Einheit unserer Lebenserfahrung, die immer zugleich körperlich und geistig ist, in eine bloß biologische Einheit einerseits und in ein affektives und kulturelles Leben andererseits aufgespalten haben. Ivan Illich hat gezeigt und David Cayley hat zuletzt daran erinnert, welche Verantwortung der modernen Medizin in dieser Spaltung zukommt. Sie scheint sich von selbst zu verstehen, in Wirklichkeit ist sie aber die größte Abstraktion von allen. Ich weiß, dass diese Abstraktion von der modernen Wissenschaft durch Wiederbelebungsapparate erreicht wurde, die einen Körper in einem Zustand des vegetativen Lebens zu erhalten vermögen.[22]

Wie soll und kann es mit der Philosophie der Biopolitik von diesem Punkt aus weitergehen? Die Rache des Realen bringt für die Philosophie (insbesondere für die kontinentale Philosophie) eine längst fällige Aussöhnung der »darwinistischen« Auffassung von Mikrobiologie, Ökologie, Symbiose mit unserer eigenen Animalität mit sich, selbst auf Kosten des textuellen Primats und der unsäglichen symbolischen Tradition – all das also, was Agamben im Namen seiner allumfassenden poststrukturalistischen

Vorliebe für das Mittelalter unerbittlich ablehnt. Doch bedarf es eben einer grundlegend anderen Herangehensweise.

Seine kontroversen, auf der angeblichen Degradierung des Menschen zu einem bloßen biologischen, seiner Göttlichkeit beraubten Tier beruhenden Behauptungen, die Pandemie sei der betrügerische Versuch des Staats, Zustände wie in den Konzentrationslagern zu schaffen, haben seine und ähnlich gelagerte politisch-philosophische Ansätze an Glaubwürdigkeit verlieren lassen. Die Grundlage für Agambens Ruf, »die Moderne abzulehnen, sich der Tradition hinzugeben«, stellt eine politisch-theologische Animosität gegenüber der biologischen Realität der Spezies dar, was ihn in die Nähe und auf eine Linie mit den globalen populistischen Anti-Masken-, Anti-Lockdown- und Anti-Wissenschaftsbewegungen gebracht hat, die die Krise in vielen westlichen Ländern immer weiter in die Länge gezogen haben.

Er verteidigt nicht das Leben, er lehnt es ab. Die Frage ist, wie viel von den philosophischen Traditionen, an die Agamben in den letzten Jahrzehnten angeknüpft hat, ebenfalls ad acta gelegt werden muss. Was also ist zu tun mit den Überbleibseln von Agambens Lebenswerk? Es ist ein traditionalistisches, kulturalistisches, lokal eingebettetes Lehrgebäude, das die rituelle Bedeutsamkeit der Dinge vor der schalen Blöße der Wirklichkeit zu bewahren sucht: Wie die trotzigen Monologe eines Südstaatenpredigers sind seine betrüblichen Theorien als politische Schauerliteratur unbestreitbar schön und sollten dementsprechend wohl auch nur als solche gelesen werden.

17. Die Gehaltlosigkeit biopolitischer Kritik

Die für eine postpandemische Welt entwickelte positive Biogouvernementalität muss sich zumindest innerhalb der Philosophie als Gegenstück zu einer durchweg negativen Konnotation von »Biopolitik« als Triebkraft der Unterdrückung, Kontrolle, Manipulation und Ausbeutung der Vitalität und der vergänglichen Mysterien gelebten Embodiments hervortun. Agambens Werk ist für diese Haltung von ganz zentraler Bedeutung, doch haben viele andere weitaus belastbarere und hilfreichere Beiträge geleistet. Denn eine positive Biogouvernementalität befasst sich nicht allein damit, wie Leben entsteht oder befreit wird, sondern auch damit, wie es ausgebessert, reproduziert und bewahrt werden kann. Dies legt eine bereitwillig akzeptierte Entzauberung unseres eigenen biologischen, epidemiologischen und ökologischen Zustands nahe, eine Entzauberung, die die gemeinsamen Risiken hervorhebt, vor Ausbeutung abschreckt und jene Implikationen sozialer Modellierung, die die Sensorschicht bereitstellt, aktiv herbeiführt. Warum aber fällt dies der Philosophie so schwer? Weil sie, wie ich zeigen werde, die Bedingungen dieser Biopolitik bereits vor über hundert Jahren vorab verworfen hat.

Die postpandemische positive Biopolitik, die wir benötigen, darf nicht die Fehler der negativen Kritik wiederholen, die Agambens Werk als philosophischen Standard zu etablieren half. Dabei geht es nicht nur um die Mobilisierung einer sakralen souveränen Macht gegenüber der säkularen Bio-Macht, auch wenn seine eigenen Schriften immer wieder auf diese Dynamik zu sprechen kommen. Für die bewährte Tradition der negativen biopolitischen Kritik, die durch Agamben wie auch durch andere reduktive Foucault-Lesarten geprägt ist, ist die Macht der Sprache und des Diskurses nicht bloß grundlegender, sondern ontologischer Natur. Für manche bedeutet dies nicht nur, dass disziplinäre diskursive Strukturen Subjektivitäten nach ihrem Bilde produzieren (was sie tun), sondern dass die entsprechenden Körper und Biologien *lediglich* die Summe der umstrittenen diskursiven Operationen sind, die an ihnen durchgeführt werden. Wie das narrative Ritual, durch das Brot und Wein zum Leib Christi gewandelt werden, verbindet dieses Prinzip der enunziativen und inskriptiven Welterzeugung Agambens Poststrukturalismus mit vormodernen europäischen mystischen Traditionen.

Dieser radikale diskursive Determinismus führt dazu, dass Agamben sich ganz auf die Etymologie verlässt, um so gut wie jedes Thema zu erörtern, als ob die griechische oder lateinische Wurzel eines Wortes, das eine Sache beschreibt, die Essenz der wahren Bedeutung dieser Sache in sich tragen würde. Das führt auch dazu, dass er dem Anschein nach unfähig oder zumindest unwillig ist, in der Medizin mehr als eine »neue Religion« falscher Expert:innen und in der gesellschaftlichen Biopolitik etwas anderes als die Militarisierung des Lebens zu sehen. Auf der vertraulichen Körperebene handelt es sich dabei einmal mehr um die kritische Gewalt, das Fleisch nicht als Medium göttlicher Symbolisierung, sondern als bloße biologische Materie zu begreifen, die im Zentrum seines Kummers steht. Zu behaupten, die Realität der indifferenten Biologie ginge ihrer rituellen Bedeutung voraus, würde ihm zufolge bedeuten, uns in das Lager zu verdammen, und das stellt, wie ich befürchte, ein Manöver dar, das zumindest implizit fester Bestandteil aller negativen biopolitischen Kritik ist. Denn für sie gibt es Lebenskraft oder disziplinarische Gefangennahme, gibt es intensive affektive Offenheit oder reglementierte Abstraktion und Abgeschlossenheit. Ein Szenario, in dem intelligentes Leben durch bewusste Selbstkonzeption und Selbstkomposition auf Bevölkerungsebene auf sich selbst zurückwirken würde, könnte allein »Barbarei« bedeuten. Dem bedeutungsvollen Körper darf es nie erlaubt sein, wieder bloßes Brot zu werden.

Die Irrelevanz der »agambischen« biopolitischen Kritik im Angesicht der gegenwärtigen Situation rührt nicht nur von ihrem Misstrauen gegenüber der Wissenschaft als säkularer Gegeninstitution her, sondern von ihrem inbrünstigen Festhalten an einer ungemein symbolischen *Art und Weise*, vom menschlichen Körper *zu wissen*. Diese Art und Weise leitet sich nicht bloß von einer bestimmten Glaubenstradition sowie einem reduktiven Einsatz foucaultscher Gouvernementalitätsarchäologie her, sondern von einer ontotheologischen Tradition, die Darwin aus dem Weg geht und stattdessen geradewegs zu Martin Heidegger führt. Diese Tradition hängt mit einer philosophischen Abkehr vom »wissenschaftlichen Standpunkt« zusammen, sodass der Mensch anhand »seiner« ontologischen Beziehung zum Sein verstanden wird, die ihn von »weltarmen« Tieren unterscheidet, und zwar derart, dass es letztlich keinen Menschen als solchen mehr gibt, sondern allein *Dasein*. Die Einflüsse, die in Agambens pandemischen Interventionen ihren amalgamierten Siedepunkt erreichten, führen nicht bloß vormoderne Erkenntnistheorien fort, sondern sind bis ins Mark mit einer Mischung aus europäischen antirationalistischen Neigungen durchwirkt, die in der Umgehung oder Verdrängung der »kopernikanischen« Errungenschaften der letzten Jahrhunderte zum Ausdruck kommen, namentlich das Selbstverständnis der menschlichen Evolution als animalisch, kontingent und diskontinuierlich.

Die grundlegende Unterscheidung zwischen *zoe* und *bios* gibt diesen vorsätzlichen Irrtum preis. Denn sie ist mehr als einfach nur falsch. Das Selbstverständnis der eigenen Person, und der menschlichen Population im weiteren Sinne, als eine zuallererst »bloße« biologische Form, die nichtsdestotrotz zu enormen symbolischen Abstraktionsleistungen fähig ist, ist nämlich nicht, wie Romantiker:innen und gegenaufklärerische Reaktionäre stets behauptet haben, eine spirituelle Degradierung dessen, was es heißt, ein Mensch zu sein, sondern zählt selbst zu unseren kostbarsten intellektuellen und emotionalen Errungenschaften. Jene also, die uns beleidigen und schädigen, sind daher auch diejenigen, die verlangen, dass ein Bereich übernatürlicher Verbindlichkeiten als jene Zone bewahrt wird, in der angeblich die edelste Erwägung des Numinosen angesiedelt ist.

Das kulturelle Leben der kollaborativen Bedeutung – des gemeinsamen Essens und Sprechens, Komponierens und Artikulierens, des Denkens und Lachens, Schreibens und Singens, des Streichelns und Weinens, Erkundens und

Diskutierens – und des wechselseitigen Zusammenwirkens nicht nur bei der Signifikation, sondern auch bei der *Signifikanz* – sind Dinge, die nicht allein durch den Menschen geschehen. Es sind mithin auch Dinge, die durch die biologische Materie geschehen. Die kulturellen und politischen Errungenschaften dessen, was Agamben *bios* nennt, gehen aus der physischen Dynamik dessen hervor, was bei ihm *zoe* heißt. All das ist nacktes Leben. Selbst dieser Satz auf dieser Seite, den Sie gerade lesen und erwägen und abwägen, ist Ausdruck des *nackten Lebens.*

Das macht die Dinge, die wir tun, nicht weniger erstaunlich, und führt sicherlich nicht auf geradem Weg in die Konzentrationslager. Der Völkermord ist nicht das Resultat evolutionärer Selbsterkenntnis, sondern vielmehr ein gewaltsamer *Bedeutungsüberschuss.* Seine Motivation liegt weniger in der Vorstellung, dass ein Genom künstlich zusammengesetzt sein könnte, als darin, dass die von Agamben so bewunderten traditionellen gemeinschaftlichen kulturellen Bindungen irgendwie symbolisch bedroht seien, und zwar in einem Ausmaß, das katastrophal übertrieben ist. Die Lager sind nicht das, was passiert, wenn Menschen ihrer traditionellen Qualitäten beraubt werden, sondern wenn sie zu *nichts anderem* als ihren symbolischen Qualitäten verkommen und somit allein als Protagonisten in dem höllischen Megaritual eines ethnonationalistischen Melodramas zur Verfügung stehen. Wie Slavoj Žižek einst anmerkte: »Es ist die Poesie, die Kriege anzettelt.« Bedeutete Entmenschlichung in den tatsächlichen Lagern Aberkennung des Symbolwerts, sagt das alles über die Politik der europäischen Symbolisierung und nichts über das biologische Selbstverständnis des Menschen aus.

In den Jahren nach der Veröffentlichung von Darwins wichtigsten Büchern wurde die europäische Philosophie passenderweise in eine Sinnkrise gestürzt, die verschiedene Wege eröffnete – von Nietzsches ekstatischen Ausführungen darüber, was es heißt, ein Tier zu sein, über den überstürzten Vertrauensvorschuss des Positivismus in die Berechenbarkeit der Dinge bis hin zu Herbert Spencers gefährlicher Schlussfolgerung, dass Evolution sowohl teleologische als auch tautologische Definitionen des »Angepasstesten« nach sich ziehe. Für die westliche Technikphilosophie brachte die einflussreichste Antwort auf Darwins Provokation ein Autor hervor, der sich an keiner Stelle dazu durchringen kann, Darwin auch nur namentlich zu nennen: Heidegger. Er liefert eine umfängliche Geschichte des Seins in Bezug auf dessen gleichzeitige Entwicklung mit und Widerständigkeit gegen Technologie sowie auf das lang erwartete Aufkommen von Bildern des Planeten und sogar auf beachtliche Überlegungen zur tierischen Kognition oder deren Fehlen. Dies jedoch tut er, ohne die damals aktuelle Enthüllung, dass der genetische Platz der Menschheit in der Kette des Seins kartiert, gemessen und bekannt sein könnte, als bedeutsam genug zu erachten, um sie auf einer der Tausenden von ihm verfassten Seiten zu erwähnen, außer um uns allgemein von der oberflächlichen Illusion der empirischen Wissenschaft abzuraten. Ungeachtet dessen haben sich heideggersche Ansätze als wissenschaftlich und technologisch nützlich erwiesen, beispielsweise was die Philosophie der künstlichen Intelligenz und verkörperten Kognition anbelangt. Und dennoch wird es sich im kommenden Jahrzehnt, während das Projekt der kontinentalen

Philosophie immer weiter auf den Posten eines provinziellen Theologenstreits abzugleiten droht, als zunehmend unmöglich erweisen, Heidegger zu lesen, ohne dabei Darwins erschütternde Abwesenheit zu vernehmen und seine Worte als verschnörkelte, eskapistische Ausflucht vor dem Augenscheinlichen zu interpretieren.

Manchmal, wenn ich darüber nachdenke, was hätte sein können, komme ich nicht umhin, mir vorzustellen, dass es in den Jahren nach Darwin, aber noch vor dem Zweiten Weltkrieg, eine übergangene Philosophin gegeben haben könnte, die eine andere grundlegende Technikphilosophie hervorgebracht haben könnte. Was hätte sie wohl geschrieben? Was, wenn es eine Philosophie gewesen wäre, die die ineinandergreifenden Implikationen der damals aufkeimenden erkenntnistheoretischen Erdbeben der Evolutionsbiologie, der geologischen Zeit, der vergleichenden Anthropologie, der industriellen Technologie, der Mikrobiologie und organischen Chemie in eine so volltönende wie materialistische systematische Sprache integriert hätte, anstatt sie abzulehnen? Die planetarische Biopolitik des einundzwanzigsten Jahrhunderts würde womöglich auf der Arbeit dieser übergangenen Philosophin beruhen, was sie selbstverständlich nicht kann, denn sie oder er hat, zumindest soweit wir wissen, bedauerlicherweise nicht existiert. Und insofern bedarf es einer ganz anderen Art des »Sozialdarwinismus«, einer, die sowohl auf Symbiose wie auf Wettbewerb als auch auf der Erkenntnis basiert, dass Rationalität animalisch ist, eine Art, die es zu erfinden und in Gang zu setzen gilt.

Bis dahin können wir aus dem lernen, was bisher misslungen ist. Es überrascht nicht, dass die negative biopolitische Kritik angesichts ihrer gemeinsamen Abstammungslinie mit den anarchistischen Traditionen Italiens eine besondere Verachtung für die technologisch fortschrittliche *Medizin* und ihre laszive Obsession mit Zellen, Genen, Organen, unsichtbaren Viren, Operationen und neuerdings Zwangsquarantänen hegt. Für Silvia Federici ist der Dreh- und Angelpunkt des Widerstands gegen diese »totalitäre« Entmystifizierung des menschlichen Körpers die aktive »Wiederverzauberung der Welt«, einschließlich der Wiedereinführung der Hexerei. Mit Nancys Anekdote über seine Herztransplantation im Hinterkopf sollte man sich in Erinnerung rufen, dass Agamben vor Kurzem eine überschwänglich wertschätzende Einführung in das Werk von Ivan Illich verfasst hat, einem anarchistischen Priester, bekannt für seine radikale Verachtung der »modernen Medizin«, der er unterstellte, sie erfände buchstäblich Krankheiten, um die Menschen in ihre Gewalt zu bringen und zu heilen. Als grausame Ironie des Schicksals starb Illich an einem schrecklich entstellenden Gesichtstumor, den er nicht behandeln ließ, obwohl seine Ärzt:innen ihm dazu rieten.

Für manche trug Illichs unnötiges Leiden lediglich zu seinem Ruf als »Heiliger« bei. So waren die Autoren seines Nachrufs im *Guardian* kaum in der Lage, ihre Erregung zu verhehlen:

> Sein Charisma, seine Brillanz und Spiritualität waren für jeden, der ihm begegnete, offensichtlich; diese Qualitäten befähigten ihn in den letzten Jahren im Kontext eines schrecklichen, durch eine entstellende Krebser-

krankung verursachten Leidens zu einem heroischen Maß an Aktivität. Der These von *Die Nemesis der Medizin* folgend, verabreichte er sich seine eigenen Medikamente entgegen dem Rat der Ärzte, die eine weitgehend sedierende Behandlung vorgeschlagen hatten, was seine Arbeit jedoch verunmöglicht hätte.

Was ich die *Ethik des Objekts* genannt habe, ist für diesen auf spontaner Intuition, folkloristischer Eigensinnigkeit und einem spirituellen Anstandsgefühl beruhenden Ansatz unzulässig. Denn der Prozess, anhand dessen diese Ethik durch die technische Abstraktion von Erfahrung zu Modellvektoren entsteht und kalibriert wird, ist für sich genommen bereits eine durchwegs unannehmbare Entfremdung. Somit ist es nicht die eigentliche Diagnose, die es so schlimm werden lässt, sondern eher das, was es bedeutet, sich ihr zu unterwerfen, wenn man bedenkt, wie es zu ihr kam.

Andere brillante und weise Arbeiten zur Geschichte der Medizin, die sich auf Foucault und andere Referenzen beziehen, veranschaulichen die Künstlichkeit der Subjektivitäten, die die Medizin hervorbringt. Für diejenigen Traditionen, denen sich Agamben verpflichtet fühlt, ist eine naive, erfahrungsbezogene Subjektivität jedoch nicht nur *nicht künstlich*, sondern im Gegenteil geradezu natürlich und heilig. Anders ausgedrückt: Würde es jemanden überraschen, zu erfahren, dass Agambens hermeneutische Interpretation von Impfstoffen, Leihmutterschaft, Herzschrittmachern, Abtreibung, Organtransplantation, Gentherapie, Stammzellenforschung und vielleicht sogar Geburtenkontrolle »traditionalistisch« ist?

Bei dem Bekenntnis zu ebendieser Form negativer biopolitischer Kritik handelt es sich, nicht anders als bei den polternden Populist:innen, um eine Mobilisierung der souveränen Macht gegen die Bio-Macht, was auch der Grund sein dürfte, weshalb sich während der Pandemie sowohl diejenigen, die sich zu diesen Traditionen bekennen, als auch die Populist:innen auf den gleichen Kundgebungen wiederfanden. Beide sind nicht nur bestrebt, der säkularen Biopolitik das Recht auf Regierungsentscheidungen zu entziehen, sondern auch, neuerlich eine vordarwinistische Körperschaft und die politisch-theologischen Institutionen der traditionellen und/oder imaginierten Gemeinschaften, die sich um sie herum versammeln, einzuführen und zu bewahren. Bis dahin sterben die Menschen buchstäblich für ihre Kritik an der Medizin, für die Verteidigung eines fiktiven Herrschaftsbereichs und für eine zweifelhafte, ästhetisierte Version von Wissenschaft.

Da seine Pandemie-Essays ein grundlegendes Misstrauen dem säkularen Staat als schlechtem Kirchenersatz gegenüber und eine damit einhergehende Ablehnung säkularer Biopolitik sowie die konservative Weigerung, die Realität der planetaren Biochemie anzuerkennen, zum Ausdruck bringen, dürfte es kaum verwundern, dass Agamben sowohl den Zuspruch der Lega Nord als auch der Bewegung der Masken- und Impfverweigerer erhielt, die sich durch die gelehrten Worte des bedeutenden Philosophen gerechtfertigt und validiert sahen. Es dürfte auch nicht sonderlich überraschen, dass Agambens Schlussfolgerungen denjenigen ähnlich sind, die der populistische Präsident Brasiliens Jair Bolsonaro zieht, nämlich dass das Virus ein aufgeplustertes Komplott der Globalist:innen und des säkularen, techno-medizinischen Establishments sei, das darauf abziele, die traditionelle Autorität sowie den von Natur aus gegebenen körperlichen und gemeinschaftlichen Zusammenhalt zu untergraben.

Der Schluss, der sich daraus ziehen lässt, dürfte nicht sonderlich attraktiv sein. Der Traditionalismus, die Gesten unechter »Autonomie«, die Esoterik und der gesellschaftliche Organizismus, die Berufung auf das Naturrecht, ein mediterraner Perennialismus, ein zwingendes Interesse an der vermeintlich unauflöslichen Figur der »Juden«, Metaphysik in Form von Etymologie, hypersubjektiver Experientialismus, abstruse Verweise auf die Neue Weltordnung, unerbittlich antiwissenschaftliche Ansichten über Körper, Geschlecht, Biologie und Medizin sowie eine allgemeine, jedoch inkonsequente Abwehrhaltung gegenüber der »technokratischen modernen Welt« rücken Agamben und sein Umfeld weitaus näher an die kulturelle Rechte Europas heran, als er und die seinen wahrscheinlich sich erträumen würden. Bedauerlicherweise muss jedoch auch eingeräumt werden, dass Agambens Überzeugungen maßgeblich sind für die Standardhaltung von weiten Teilen der zeitgenössischen philosophischen Biopolitikskritik. Man vernimmt sie in Zeitschriften und Büchern, wie bereits angedeutet, als Echo in den Worten meines deutschen Kollegen, der seine Studierenden dazu aufforderte, sich nicht auf das Covid-19-Virus testen zu lassen, um sich nicht stillschweigend »der Ausnahme« zu fügen.

Die Frage also lautet, inwieweit eine postpandemische Biopolitik von der negativen Tradition, die Agamben und seine Gefolgschaft repräsentieren, abgekoppelt werden kann. Wie gehen wir mit der turbulenten und permanenten Wechselbeziehung zwischen Mikro- und Makroorganismen um? Was sind die Parameter einer positiven Biopolitik? Einer Biopolitik nicht des Vitalismus, des »Daseins«, des Rituals und der disziplinarischen Gefangennahme, sondern der Entmystifizierung, der lebendigen Sensorik, Vernunft und Fürsorge?

Diese Fragen lassen sich auch anders stellen, nämlich: »Welche Art von planetarischer Gesellschaft wollen wir?« All diese Fragen wiederum hängen untrennbar mit der gegenwärtigen Sozialgeschichte der Pandemie und des Lockdowns zusammen. Und es sind die beiden letztgenannten Aspekte, die sich nun als die treibende Kraft einer weiteren Notlage erweisen: der gesellschaftlichen Explosion der Proteste gegen Polizeigewalt.

18. Die soziale Explosion

Es wäre tröstlich zu glauben, dass alle Qualitäten der postpandemischen Gesellschaft, die wir uns wünschen, bereits im Mikrokosmos der Pandemie vorhanden sind, aber leider ist dem nicht so. Es bedarf neuer Dinge, und um eine brauchbare planetarische Biopolitik nach der Pandemie zu verwirklichen, führt kein Weg vorbei an der Neuausrichtung der Berechnung und Automatisierung im planetaren Maßstab. Diese Neuausrichtung darf nicht nur auf die Optimierung der Mechanismen abzielen, sondern auch auf die Befreiung der öffentlichen Vernunft und kollektiven Intelligenz. Gegenwärtig verharren wir in einem Zustand unnötiger Vernachlässigung: Explosive Situationen werden aus keinem anderen Grund als dem übergangen, dass es nichts und niemanden gibt, der das Steuer in der Hand hält. Bei der gewaltigen Explosion, die Beirut im August 2020 erschütterte und durch eine abwesende und nachlässige Regierung verursacht worden war, die hochgefährlichen Sprengstoff im Hafen der Stadt hatte ausdörren lassen, handelt es sich nicht bloß um eine gigantische Metapher; sie stellt den Zustand der Welt dar. Wenn Angst heißt, sich einer Sache bewusst zu sein, dann bedeutete die Bewusstseinsschärfung infolge der explosiven Rückkehr der Masse, Angst zu verbreiten, und zwar die Angst vor einander.

Der Lockdown sonderte uns alle voneinander ab und führte mit den Protesten im Zuge der Ermordung von George Floyd zu einer anderen Politik der Masse, als in den USA zumindest ein paar der Lockdown-Maßnahmen etwas durchlässiger wurden. In jenen Wochen erlebte man eine intensive Rückkehr der Masse als eine die Stadt für sich beanspruchende Präsenz, als eine politische Kraft und ja sogar als Auswuchs viszeraler, überschäumender Erfahrung. Es gilt, diese eruptive Reaktion in unsere Darstellung der Pandemie zu integrieren, als eine Art Ausnahmemoment innerhalb dieses größeren Ausnahmemoments.

Bei »Explosion« handelt es sich um eine empirische Beschreibung der Rückkehr der Masse nach wochenlangem, dem Druck von Isolation, Unsicherheit und Angst ausgesetztem Eingesperrtsein. Allerdings stellt die Lebenslage, in der wir uns befinden, eine sich langsam entwickelnde Krise dar, die sich von den Gründungsheucheleien der Vereinigten Staaten bis zu der den zivilen Institutionen eingeschriebenen Selbstverstümmelung erstreckt.

Wenn nach jahrzehntelangem Regierungsabbau bis auf polizeiliche Funktionen nichts mehr übrig ist, dann stellen ebendiese nicht bloß den Punkt dar, an dem um die Struktur der Gesellschaft gewetteifert wird, sondern, schlimmer noch, den Punkt, an dem die Gesellschaft versuchen wird, sich selbst zu gestalten. Wobei sich die Frage nach der Art der Gesellschaft, die wir wollen, eigentlich nicht auf die Frage nach der von uns gewünschten Art der Polizeiarbeit reduzieren lässt – nichtsdestotrotz gilt es, sie zu stellen.

Es ist möglich, die Forderung nach einem Entzug der polizeilichen Finanzmittel sowie ihrer Ersetzung durch wirksame Sozialprogramme zu respektieren und sich gleichzeitig bewusst zu machen, dass Menschen wie dem Gründer von Blackwater, Erik Prince, bei #abolishthepolice das Wasser im Mund zusammenläuft und dass solche den Staat delegitimierende Schritte den Weg für die Privatisierung von Sicherheit und Gewalt ebnen könnten. Was wir brauchen, ist nicht die Regionalisierung der Städte zu abgesonderten Gemeinschaften, sondern die aktive Wiederherstellung und Wiederbelebung der Legitimität und Effektivität einer (nicht polizeilichen) sozialen Governance an den Stellen, die einer solchen bedürfen: auf physischer Ebene, auf Bevölkerungsebene, auf planetarer Ebene und alles zugleich.

Während der Pandemie wurde die Abrechnung mit Polizeigewalt und der systematischen Ungerechtigkeit in Bezug auf *race* Teil des »Realen«, das seine eigene Rache einforderte. Dabei nahm der Umfang des einjährigen Weckrufs stetig zu. Die massenhafte Besetzung von Städten inmitten einer Pandemie war keine antiepidemiologische Reaktion, sondern vielmehr eine, die aus der durch die Pandemie erforderlich gewordenen epidemiologischen Vorstellung des Sozialen gezogen worden war, insofern die aus Demonstrierenden geformten schwärmenden Zellen versuchten, eine Co-Immunität gegen das systemische Chaos zu erwirken. Die Polizei, normalerweise daran gewöhnt, straffrei über den sozialen Körper herfallen zu können, obwohl ihre Aufgabe theoretisch darin besteht, ihn zu beschützen, wurde allmählich zur parasitären Infektion erklärt, die koordinierte Maßnahmen erforderlich machte.

Jedwede anthropologische Theorieströmung wird Ihnen sagen, dass, belässt man Hunderte von Millionen geschlechtsreifer Hominini über einen längeren Zeitraum hinter Schloss und Riegel, sich der Druck bis zu einem Punkt aufstauen wird, an dem eine gesellschaftliche Explosion nicht mehr zu vermeiden ist. Nachdem Kommunikation von Angesicht zu Angesicht und vis-à-vis fast zur Gänze eingestellt wurde, ließe sich der in massenhafter körperlicher Präsenz innerhalb der Stadt zum Ausdruck kommende plötzliche Energieausstoß als thermodynamische Freisetzung betrachten, doch verfehlte das womöglich den größeren Zusammenhang. Die große Filtrierung auf globaler Ebene, die anhand der koordinierten Bevölkerungsquarantäne auf städtischer wie regionaler Ebene verwirklicht wurde, offenbarte eine praktische Befähigung zur gezielten Mobilisierung, die in unserer Zeit vernünftigerweise wohl niemand für möglich gehalten hätte. Angesichts der auf so vielen Ebenen stattfindenden Unfähigkeit vieler Gesellschaften, eine öffentliche Politik zu konzipieren, geschweige denn zu koordinieren, ist daher das, was sich da ereignet hat, tatsächlich überraschend und erstaunlich. Somit lässt sich die soziale Explosion der Proteste auch so verstehen, dass der soziale Körper sich plötzlich an die willentliche Choreografie erinnert, zu der er fähig ist, und er seine Muskeln für weitere Zwecke spielen lassen will.

Die fürchterliche Homöostase unserer Nicht-Zukunft, in der Utopie so viel heißt wie, einen guten Parkplatz zu finden und sich das iPhone17 leisten zu können, in der sich nichts wirklich mehr zu ändern schien, änderte sich auf einen Schlag. Die populistische Politik, die den Boden für die pandemische Nicht-Regierungsführung bereitete, war womöglich von einem ähnlichen Grauen beseelt, doch während sie sich in einen Todeswunsch verwandelte, waren die Proteste inmitten der Pandemie weitaus affirmativer. Die unwahrscheinliche Befähigung zur Mobilisierung schien sich zu bewahrheiten. Das moribunde System war zu Bewegung fähig. Leider lautete der Schluss, den viele daraus zogen, nicht, dass eine Koordinierung auf gesellschaftlicher Ebene möglich sei, sondern dass sie unmöglich sei, und anstatt also einer brauchbaren Governance das Wort zu reden, erwies sich als ihr Ziel *weitere planlose Emergenz* in Form von Anti-Strategien wie temporäre autonome Zonen.

Man lehnt sich nicht allzu weit aus dem Fenster, wenn man sagt, dass Proteste, die sich direkt gegen Gebäude wenden, »anti-urban« sind, und dennoch würde ich hier widersprechen. Das Urbane machen nicht nur die Gebäude aus, sondern ebenso die Bedingungen, unter denen kollektiv zuträgliche, beständige und okkupierbare Technologien entworfen werden. Was hingegen ganz sicher anti-urban ist, ist die »aufständische anarchistische« Wahnvorstellung, die von einer winzigen Minderheit all derer geäußert wird, die an den weltweiten Protesten gegen Polizeigewalt teilgenommen haben, bei der es sich aber in vielerlei Hinsicht lediglich um die synthetisierteste Version einer viel geläufigeren Interpretation davon handelt, was Proteste für die postpandemische Politik bedeuten. Für diese kleine Gruppe signalisieren die Proteste weniger eine Krise aufgrund von fehlender Governance als vielmehr die Notwendigkeit, Governance *noch weiter abzubauen*, um einer direkten und unvermittelten Gesellschaft Platz zu machen, die auf spontanen und/oder traditionellen wechselseitigen Gesten beruht. Dabei liegt der Schwerpunkt für die einen auf der imaginierten Flucht vor dem Staat, für die anderen auf der Kraft der persönlichen Handlung, und für wiederum andere ist es ein wildes Gemisch.

Diese Vision ist insofern anti-urban, als dass sie alles hassen, was Städte ausmacht, insbesondere die langfristigen technischen Verflechtungen, die Intensivierung und Ausweitung der Versorgungslinien soziotechnischer Komplexität und die anonymen gesellschaftlichen Abstraktionen, nach denen es sie verlangt. Ihre politische Theoretisierung ist gehemmt und metastasiert als Fetischisierung der Unmittelbarkeit sowie dessen, was Alberto Toscano »die spontane Philosophie der Unterbrechung« nennt. Es handelt sich in der Tat um eine *maximale Ästhetisierung der Politik*, insofern die Stadt aus ästhetischen Gründen verschmäht wird, aber auch, weil diese ablehnende Haltung selbst als ästhetischer Akt aufgefasst wird. Dies ist einer der Gründe, weshalb sich ein Großteil der zeitgenössischen Kunst dem Namen oder der Haltung nach zum Anarchismus hingezogen fühlt und weshalb wiederum anarchistische Politik letztlich ins Performative, ins Preziöse und schließlich in die Armseligkeit kippt. Der Akt der »dezentralisierten Mimesis« wird als Prototyp einer neuen Welt imaginiert, die durch ebendiesen Akt selbst hervorgebracht wird – was gar nicht mal so unähnlich dem Hypersubjektivismus der Karen ist, jetzt eben bloß mit schwarzem Hoodie. Dass es jedoch einfach nicht *gelingen* will, führt weniger zu Zweifel als zu immer größerer Militanz. Dieser fundamentalistische Glaube an das Symbolische findet auch in Galerien ein Zuhause, zumal laut manchen Kunstweltnormen die kuratierten Überlappungen mit anarchistischer Ästhetik ihrer eigenen stark ästhetisierten Ontologie erlauben, sich immer wieder für ihre ausgedachte Distanz zur spekulativen Rationalität zu beglückwünschen.

Walter Benjamin bezeichnete den Faschismus bekanntermaßen als »Ästhetisierung der Politik«, und als Anarchist:innen und Faschist:innen in jenem Sommer gemeinsam die Straßen besetzten und jeweils die größeren Menschenmengen flankierten, erkannten sie einander als liebstes Symptom. Was sie zusammenschweißte, war ihr gemeinschaftliches Bekenntnis zu einer absoluten Ästhetisierung dessen, was politisch zu diesem Zeitpunkt auf dem Spiel stand, sowie ein grundlegender Hass auf die rationale Selbstgestaltung der Gesellschaft, gehüllt in die Rhetorik des Aktionismus.

Der Impuls – egal ob in seiner expliziten oder impliziten Form –, eine etablierte Ordnung zu stürzen oder einfach aus einer Laune heraus (wie es Maskenverweigerer nur zu gut verstehen) aufzubegehren und »unregierbar zu werden«, beruht auf der nicht sonderlich überzeugenden Annahme, dass es tatsächlich eine etablierte Ordnung gebe. In einem Kontext aber, in dem das Establishment abwesend ist, sollte sich der Protest *gegen ebendiese Abwesenheit*, dessen Inkompetenz und Fahrlässigkeit hinsichtlich seiner Verantwortung richten (und für die meisten Demonstrierenden stand genau das im Mittelpunkt). »Die wollen uns einsperren, weil wir keine Maske tragen!«, ruft ein Typ in der hintersten Reihe. Aber »die« sind nicht einmal in der Lage, die Telefonnummern jener Behörden aufeinander abzustimmen, die die Impfreaktionsstudien beaufsichtigen sollen. Welch tolles Panoptikum! Wichtiger für die postpandemische Politik dürfte jedoch sein, dass die verantwortlichen reaktionären Populist:innen *durch und durch irrational* sind und romantisch verklärte Irrationalität daher nicht die Position der Gegenhegemonie einnehmen kann.

Was aber ist mit der tatsächlich funktionierenden Basis? Die Rolle, die lokale Netzwerke gegenseitiger Fürsorge dabei spielen, die Unzulänglichkeiten der offiziellen Maßnahmen auszugleichen, sollte keinesfalls übersehen werden. Die Notwendigkeit eines praktikablen und langfristigen Plans erübrigt sich durch sie, wie manche behauptet haben, dennoch nicht. Trotz des spürbaren Gefühls von Wärme, Wertschätzung und Zusammenhalt, das derartige Bemühungen im Gegensatz zu der vergleichsweise blutleeren Langeweile des öffentlichen Gesundheitswesens hervorzurufen imstande sind, setzt die technische Abstraktion der Objektethik eher auf den Maßstab als auf das Geschick. Für eine positive postpandemische Biopolitik stellen Netzwerke gegenseitiger Fürsorge Arrangements dar, die zum Einsatz kommen, wann und wo immer die Übertragung von Entscheidungen an die Ränder des Netzwerks effektiver und effizienter sind. Es handelt sich bei ihnen um keinen Ersatz für öffentliche Gesundheitsvorsorgesysteme und sie sollten niemals dazu dienen, Risiken und Verantwortlichkeiten auf diejenigen abzuwälzen, die am wenigsten dazu in der Lage sind, sie auf sich zu nehmen. Ich verzichte an dieser Stelle darauf, die Witze über »nicht hierarchische, partizipatorische, nachbarschaftliche Impfstoff-Forschungskollektive« wiederzugeben, auch wenn mir klar ist, dass manchen dies erstaunlicherweise tatsächlich besser gefallen würde als die Tatsache, dass Moderna ihren mRNA-Impfstoffanwärter innerhalb von achtundvierzig Stunden auf der Grundlage von aus China hochgeladenen genomischen Daten herstellen konnte.

Eine schmerzhaft unverhüllte Ausgeburt von ästhetisierter Autonomie und politischer Performativität, die aus der pandemischen Explosion der Gesellschaft hervorging, war die Capitol Hill Autonomous Zone (CHAZ) in Seattle, wo für einen kurzen Moment eine andere Welt möglich schien, eine ohne Polizei und ohne Plan. Es ist jedoch eine allgemein anerkannte Erkenntnis der historischen Politikwissenschaft, dass Aufbackbrötchen und lausige Musik nicht die Grundlage einer wirklich dauerhaften Gesellschaft bilden können. Dass dieser lachhafte Nebenschauplatz nun tatsächlich einem so präzisen und vorhersagbaren Niedergangszeitplan folgte, bedeutet jedoch nicht, dass die bescheidene Utopie einer Nachbarschaft von Menschen aus der Arbeiterschicht und aus aller Welt mit offenen, lebenswerten öffentlichen Einrichtungen und Aktivitäten zu viel verlangt, geschweige denn revolutionär wäre. Eine derartige bessere Welt sollte man sich anmaßen, anstatt erst auf Sezessionsfantasien zu warten, um sie zu verwirklichen.

CHAZ und die von ihr vertretenen Strategien müssen dennoch als zutiefst fehlgeleitet betrachtet werden. In seiner niedlichen Bastelstubenhaftigkeit basiert dieses Dörfchen eines wilden Haufens nämlich letztlich auf einer ästhetischen Vorliebe für eine bestimmte Art von maßgeschneiderten sozialen Erfahrungen, die vorgibt, politisch ethischer sowie ökonomisch resilienter zu sein, in Wahrheit aber nichts davon ist. Ihr Scheitern ist so vorhersehbar, dass es regelrecht automatisiert wirkt – und in gewisser Weise ist es das wohl auch. Es basiert auf einem Schema aus Nicht-Entscheidungen, die geskriptet, performt und, ja, automatisiert sind, sodass die gleichen Fehler garantiert immer wieder auftreten. Solche Nicht-Entscheidungen stellen in dieser Hinsicht das Gegenteil einer öffentlichen Versorgung dar, etwa von Trinkwasser, die Entscheidungen auf eine nur scheinbar unentschiedene Weise automatisiert und eine weitaus zuverlässigere Heuristik für die postpandemische Biopolitik darstellt.

Die Gebrüder Strugatzki, sowjetische Sci-Fi-Autoren etwa des Romans *Picknick am Wegesrand*, aus dem Andrej Tarkowski den Film *Stalker* machte, schrieben in ihrem Roman *Das Experiment*, dass es zwei Arten der Rebellion gebe: »eine Rebellion aus Hunger oder eine Rebellion aus Übersättigung«.[23] Bei Letzteren haben die Menschen keine wirklichen Bedürfnisse mehr (abgesehen von ihrer Selbstverwirklichung), sodass sie aus der schieren Unerträglichkeit, nichts zu tun zu haben, aufbegehren. Nun behaupte ich keineswegs, dass dies die soziale Explosion der Corona-Pandemie erklären würde oder gar den damit einhergehenden Wahn nach symbolischer Ersatzrepräsentation, doch relativiert es das letztlich überwältigende Weißsein der Aufstand-versus-Aufruhr-versus-Solidarität-Dynamik, in dem sich die Dinge nach den anfänglichen Appellen der Black-Lives-Matter-Organisator:innen (beinahe) eingerichtet haben.

Denken wir etwa an Carol Collins. Miss Collins ist eine lächelnde, äußerst blonde, weiße Frau und ein selbst ernannter »verbaler Bewusstseinskanal, der die Fähigkeit besitzt, mit nicht-körperlichen Schwingungswesen zu sprechen«. Am 6. Juni 2020 wurde die Welt anhand Carol Collins' Facebook-Seite darauf aufmerksam gemacht, dass sie den Geist des verstorbenen George Floyd heraufbeschworen hatte. Vermittels Collins ließ Floyd angeblich seine Gefühle in Bezug auf die in seinem Namen ausgeführten Proteste verlautbaren. Ein Teil von Floyds Botschaft an uns, via Miss Collins, lautet: »Helft mit, das Leiden zu beenden, geht nach Hause – erfreut euch an euren Familien, sagt ihnen, dass ihr sie liebt … bringt meinen Namen nicht mehr mit Hass in Verbindung«, und seltsamerweise: »Bürgerrechte sind nicht das, wofür wir kämpfen müssen, seid diejenigen, die zu allen ›Ich liebe dich‹ sagen«. Glücklicherweise hat die Begabung dieser *weißen* Frau, im Namen von Floyd sprechen sowie die Bedeutung seines Todes und die angemessenen Weisen des Protests vermitteln zu können, den Lauf der Dinge doch nicht beeinflusst, wenngleich die Emsigkeit anderer, die behaupteten, in Floyds Namen zu sprechen, eine nachhaltigere Wirkung hatte und haben wird.

Apropos Fantasien von Weißen: Wenn es von Social Media angestachelte Rollenspieler:innen gibt, die sich vorstellen, ihre schwülstigen Melodramen wären tatsächlich real, muss es genauso gut jene geben, die das exakte Gegenteil dieser Vorstellung für richtig halten – also dass die Realität eigentlich *rhetorisch* ist. Die erwähnte maximale Ästhetisierung der Politik wird dann mit dem Gedanken in die Tat umgesetzt, dass der ausdrückliche Zweck von Infrastruktur darin besteht, als brennbares Requisit für Selbstfindungsreisen und libidinöse Unmittelbarkeit zu dienen. Mehr noch als CHAZ haben einige während der Pandemie veröffentlichte Bücher die wissenschaftlichen Grenzen von Fremdscham verschoben, indem sie Plünderungen als ein

Spektakel der Selbstfürsorge anpriesen und sich so unsere Unfähigkeit zunutze machten, Aufrichtigkeit von Parodie zu unterscheiden, sowie Linksradikalismus als genau das darstellten, wofür er von der rechten Expertenmeinung gehalten wird.

Es gilt, die Lehren aus der Pandemie auch für andere biochemische Krisen von planetarischem Ausmaß, wie etwa die Klimakrise, zu ziehen, und in diesem Zusammenhang dürften einige präpandemische Taktiken, in neuem Licht betrachtet, wohl keine sonderlich große Anziehungskraft mehr ausüben. Die Possen von Extinction Rebellion (XR) beispielsweise dürften ihr Ablaufdatum wohl längst überschritten haben. Mir ist klar, dass ich nicht unbedingt zur Zielgruppe gehöre und dass ihre Bemühungen womöglich eher Menschen ansprechen, die ihren besonderen Stil des »Widerstands«, »freudvollen Dissens« und Kasperle-trifft-*Report der Magd*-Straßentheater über Ölkonzerne zu schätzen wissen. Was vollkommen legitim ist. Weitaus beunruhigender an diesem Format ist jedoch etwas, das an die Auswüchse des aufständischen Anarchismus anknüpft und der postpandemischen Politik eine negative Lektion sein sollte: die Fokussierung des Proteststils auf intensive persönliche Erfahrung und die subjektive Performance von Transformation sowohl als Mittel zu als auch als Verzeichnis von systemischem Wandel.

Ich mache mir Sorgen über die realen Folgen einer Strategie, die auf der ideellen Verquickung von Partizipation, Subjektivität und Handlungsmacht beruht. Sie kann dazu führen, dass neurotische Trugschlüsse verstärkt werden, die der Tatsache, dass das Virus oder der Klimawandel gleichgültig gegenüber gut gemeinten oder böswilligen Absichten sind, diametral entgegenstehen. Kurz gesagt: Sobald Subjektivität und Handlungsmacht miteinander vermengt werden, manifestiert sich der Bedarf an mehr Handlungsmacht als Leistung der Subjektivität. Vielleicht ist XR als Marke dermaßen erfolgreich geworden, weil sie wie so viele andere Marken funktioniert? Es handelt sich bei XR um eine Politik der Mobilmachung, basierend auf einer künstlichen Intensivierung von *Identität*, was darauf abzielt, die *Subjektivität* zu intensivieren, was sodann, so die Überzeugung, die Handlungsmacht intensivieren wird.

Die Neuausrichtung von Berechnungen im planetarischen Maßstab würde die Einheit von Beobachtung und Handlung grundlegend entindividualisieren. Stattdessen aber untermauert der durch positives Feedback angetriebene Flywheel-Effekt nach wie vor die Individuation, und die unermüdliche Bekräftigung der expressiven Subjektivität führt zu einer beschleunigten Entkopplung der Handlungsnarrative von jedweder Wirksamkeit der Resultate. Letzteres wird Ersterem untergeordnet. Mit der Zeit spielen die Entkoppelung und die Resultate für diejenigen, die davon betroffen sind, im Vergleich zum Narrativ immer weniger eine Rolle. Vielleicht ist das der Grund, weshalb der Weg von den Gelbwesten zu QAnon dermaßen reibungslos verläuft.

Das Problem ist jedoch nicht nur an den politischen Rändern anzutreffen. Die Pandemie erlebte auch etliche idiotische, vom Mainstream und der Mitte ausgehende Fälle von Affirmationismus. Keiner wurde so einhellig angeprangert wie das Video der Schauspielerin Gal Gadot, das damit beginnt, dass sie sich aufplustert und wie ein riesiger Elternteil über der Kamera thront, gefolgt von einem Karnevalumzug an Promis, die – als ermutigendes Wiegenlied für all die kleinen Leute, die Angst vor dem haben, was als Nächstes passiert – John Lennons Hymne an die unverbrüchliche Selbstbeweihräucherung der Boomer, »Imagine«, gurrten. Die nachdrückliche Ablehnung dieses Geschenks durch die Bevölkerung war prompt, harsch und wunderschön mitanzusehen.

Aber auch die anhaltende kulturelle Aufbereitung von Black Lives Matter war davor nicht gefeit. Schließlich legt diese Bewegung ihren Finger auf zu viele Wunden, als dass sie sich dem Sublimierungsgriff vollkommen entziehen könnte. Traurigerweise fühlten sich Menschen dadurch bemüßigt, nicht nur es auszusprechen, als ob es dadurch wahr würde, sondern auch Wege zu finden, nichts damit auszusagen. Man denke etwa an das schwarze Quadrat auf Instagram, ein Zeichen für die Unartikuliertheit der Masse, inspiriert von dem allgemeinen Bedürfnis, etwas zu sagen, nur um nicht beim Nichtssagen ertappt zu werden. Feeds, die normalerweise durch Urlaube und Brunchs gekennzeichnet sind, machten Ernst und erklärten sich mit der Bewegung solidarisch, indem sie ein komplett schwarzes Bild posteten. (Kapiert? Schwarz!) Für einige handelte es sich wohl um eine zynische Pose, für andere wiederum vielleicht wirklich um eine aufrichtige Proklamation eines Gesinnungswandels. Wie dem auch sei, die nicht gestellte Frage »*Warum* Schwarze Leben nicht zählen?« vermittelt eine weitaus schwierigere Art der Beurteilung, die nicht allein in einem Gesinnungswandel besteht und daher womöglich über das hinausgeht, was man von den meisten erwarten kann.

Anders ausgedrückt: »Black Lives Matter« ist ein eindringliches Statement, gerade weil es überhaupt gesagt werden muss. Dass es wahr ist, sollte eigentlich vorausgesetzt werden. Doch wenn man es laut ausspricht, in Form einer diskreten, deklarativen Aussage, als wäre diese losgelöst von dem Kontext, in dem sie gemacht wird, lenkt es die Aufmerksamkeit auf die Art und Weise, wie es dazu kam, dass die Leben von Schwarzen Menschen nicht zählen, wie sie von dem, was zählt, ausgeschlossen werden, warum sie für die Dinge, um die es geht, unwesentlich sind, und wie sie in der Geschichte des Kolonialismus zu einem Ort materieller Extraktion gemacht wurden. Alles davon ist wahr. Und im Osten geht die Sonne auf. Hier aber ist es eher so, dass gerade in der Offensichtlichkeit die Kraft der Aussage liegt, und weniger, dass die Kraft der Aussage ihre redundante Offensichtlichkeit ist.

Aus genau diesem Grund klingt es *seltsam*, wenn der Satz von weißen Menschen *dermaßen* nachdrücklich verkündet wird, als ob die Aussage nicht ohnehin selbstverständlich wäre. Sind diesen Personen die historischen Implikationen dieses Satzes womöglich erst jetzt bewusst geworden? Verspüren sie den Diensteifer einer:s Neubekehrten, der:die glaubt, die Nachricht verbreiten und vor Freund:innen und Familie die Wahrheit ihrer Bekehrung kundtun zu müssen? Gut, wenn das so ist. Im schlimmsten Fall fühlt sich das so an, als würde jemand verlautbaren, »Missbrauch in der Ehe ist schlecht«. Ja, das stimmt. »Du hast vollkommen recht, aber musst du deswegen so schreien? Und hat es eigentlich irgendetwas zu bedeuten, dass du es für nötig hältst, uns mitzuteilen, dass du mittlerweile

Bescheid darüber weißt und so bewegt davon bist, dass die ganze Welt daran teilhaben soll? Hast du schon mal überlegt, wie alle anderen eine Liste an Büchern, die die Menschen unbedingt lesen müssen, zu posten und vielleicht noch eine Liste der nächsten Schritte, die sie ganz persönlich und genau jetzt unternehmen können? Vielleicht sind sie ja genauso verloren, wie du es einmal warst, und freuen sich, wenn sie unter deine Fittiche genommen werden?«

Das in diesem Milieu verwendete schwarze Quadrat auf Instagram hätte es verdient, von künftigen KI-Archäolog:innen zum absoluten Höhepunkt der ohnmächtigen westlichen Politik im Zeitalter des auf Erfahrung basierenden Populismus gekürt zu werden, wäre da nicht das Werk der Vordenkerin Kendall Jenner. Sie erinnern sich vielleicht an den Werbespot, in dem die milliardenschwere Berühmtheit mit all den anderen jungen Leuten an einer superwichtigen Demonstration teilnimmt und beherzt und mit charakteristischem Elan beschließt, Grenzen einzureißen, dabei selbst im niedlichen Polizisten das Coole im Menschen entdeckt und ihn dazu bringt, seinen Charakterpanzer abzulegen, indem sie ihm *das* Geschenk überreicht, das alle Schulden begleicht: eine Flasche Pepsi.

Letztendlich dürften die meisten der oben genannten Maßnahmen nicht als Fundament einer postpandemischen positiven Biopolitik brauchbar sein. Aber was dann? Wie sieht der Plan aus, oder zumindest die Parameter dessen, was getan werden soll?

19. Für eine planetarische Kompetenz

Bei der Rache des Realen handelt es sich um die Erkenntnis, dass die Verwaltung der planetarischen Gegebenheiten keinem Flickenteppich zeremonieller Parlamente und beschränkter Privatinteressen überlassen werden sollte. Denn am Ende geht es dabei nicht nur um die nahe postpandemische Zukunft, sondern auch um eine Abrechnung mit der Vergangenheit und um die langfristige Zukunft. Es geht dabei noch nicht einmal um globale Allwissenheit oder Allmacht, sondern um planetarische Kompetenz. Die Rache des Realen ist ein Aufruf zur Biogouvernementalität, die planetenumfassende technische Berechnungs- und Modellierungskapazitäten auf Infrastrukturen ausrichtet, um eine angeschlagene Spezies und ihren angeschlagenen Lebensraum zu sanieren und zu verbessern.

Schließlich gibt es keinen wirklich guten technischen Grund, warum nicht jeder Mann, jede Frau und jedes Kind unmittelbar nach Bekanntwerden des Virus getestet, versorgt und beruhigt wurde. Mit einem Minimum an Vorsorge wäre dies möglich gewesen und ist es das immer noch. Planetarische Kompetenz ist kein »prometheischer technooptimistischer Traum«, wie die eine oder der andere »Erdverbundene« anmahnen würde. Sie besteht schlechthin darin, spekulative Vernunft und vertraute Techniken auf bekannte Probleme anzuwenden, und zwar indem man soziale und wirtschaftliche Infrastrukturen auf behutsame Weise ihrem eigentlichen Zweck zuführt. Im Gegensatz dazu handelt es sich um keine ernst zu nehmende Position, sondern eher um ein Zeichen einer verzweifelten Melancholie, wenn man »einfach mal ins Universum hinausposaunt«, dass die Akkumulation von Apps, horizontalen Pflegenetzwerken, gefinkelten Hacks und Workarounds oder die emergente Intelligenz ethischer Technologien, lokaler Gemeinschaften, provisorischer Abkoppelung oder die besonders intensiven Akte subjektiven Ausdrucks zu einem besseren Ergebnis führen werden.

Die Beziehung zwischen Pandemie und Klimawandel besteht nicht allein darin, dass beide das Fehlen einer funktionierenden Governance offenbaren, die in der Lage wäre, dem jeweiligen Phänomen auf Augenhöhe zu begegnen. Bei beiden Phänomenen handelt es sich auch um Dinge, die uns als statistische Modelle bekannt sind, welche ohne allgegenwärtige Sensorik, Indexberechnung und Modellierung des Realen unmöglich hätten ermittelt werden können. Beide bezeugen die Rolle der Steuerungssimulationen als ein Medium, durch das das Ganze sich selbst erklärt und auf sich selbst zurückwirkt. So wie das Virus nicht mithilfe des passiven menschlichen Opfers namens Herdenimmunität überwunden werden kann, muss die Reaktion auf den anthropogenen Klimawandel, sofern sie wirksam sein soll, nicht minder anthropogen sein. Die Künstlichkeit dieser Maßnahmen – ihre »Anthropogenität« und das damit einhergehende Gefühl, bewusst zusammengestellt worden zu sein – ist etwas, was wir nicht nur akzeptieren, sondern uns geradezu zu eigen machen sollten.

Das große Paradox der Pandemie – dass sie einerseits die planetarische Gesellschaft vermittels ihres eigentümlichen Ansteckungsvektors aneinanderbindet und sie andererseits unterteilt und neuerdings filtert, indem sie alle Menschen wieder in ihr jeweiliges Passland zurücksortiert – legt nahe, dass die Reaktion auf die Pandemie von vornherein auf planetarischer Ebene hätte erfolgen müssen. Es hätte eine koordinierte Reaktion sein müssen, die Möglichkeiten antizipieren und bei Bedarf bereitstellen hätte können. Die Aufteilung der Bevölkerung in kleinere, überschaubare Gruppen (in Form von Ländern oder Städten) ist an sich keineswegs abwegig, doch ohne effektive Zusammenarbeit zwischen diesen Blöcken ist sie es mit Sicherheit. Als die planetarische Gesellschaft eine echte Weltgesundheitsorganisation benötigte, die tatsächlich in der Lage gewesen wäre, als Medium der Co-Governance zu fungieren, schoben der populistische Primitivismus und das bürokratische Arschkriechertum den Riegel vor. Medizinische Beobachtung, Rück- und Nachverfolgung sowie Modellierung der Pandemie hätte im Maßstab der Pandemie selbst stattfinden sollen. Stattdessen verfügen wir über isolierte, unterschiedlich zuverlässige Modelle auf nationaler und urbaner Ebene, die einen Eindruck von der Ansteckung, aber auch von dem tragisch fragmentierten Zustand der planetarischen Gesellschaft und unserer Fähigkeit zur Selbstverwaltung vermitteln.

Wie ich an anderer Stelle schon gesagt habe, werden Geotechnologie und Geopolitik letztlich nicht mehr voneinander zu unterscheiden sein, und in Bezug auf die sensorischen, modellierenden und Versorgungskapazitäten einer positiven planetarischen Biopolitik (sowie einer tiefgreifenden Klimagovernance) trifft dies ebenso zu. Sie würden sich im Wesentlichen auf einen *biopolitischen Stapel* zubewegen, das heißt auf eine integrierte, verfügbare, modulare, programmierbare, flexible, optimierbare, anpassbare, vorhersehbare, gerechte, reaktionsfähige und nachhaltige Infrastruktur für Sensorik, Modellierung, Simulation und rekursives Handeln. Die Klimawissenschaft verfügt bereits über all das, mit Ausnahme des überaus wichtigen Teils des rekursiven Vollzugs. Noch ist sie nicht in der Lage, auf das von ihr repräsentierte Klima zurückzuwirken – doch das muss sie. Genau wie ein medizinisches Modell darf auch die Klimawissenschaft nicht nur diagnostizieren, sondern muss auch behandeln.

Damit eine positive Biopolitik gelingen kann, müssen wir uns eingestehen, dass die Probleme, mit denen wir konfrontiert sind, darauf zurückzuführen sind, dass wir keine Kontrolle über das haben, was zählt, und dass wir zu viel in Dinge investieren, die keine Rolle spielen. Manche werden jetzt schreien: »Aber sind das nicht alles Totenbeschwörer, die den Tod administrieren?« Nein, denn es gibt dabei überhaupt keine Administration mehr. Die ist längst nach Hause gegangen. Um zu verlernen, dass »soziale Kontrolle« stets nachteilig ist, müssen wir einsehen, dass Kontrolle zugleich ein weiterer Name für eine Gesellschaft ist, die sich mithilfe empathischer Vernunft bewusst neu erschafft: So identifiziert jedes komplexe, anpassungsfähige System sich selbst und seine eigene Fähigkeit zur bewussten Selbstzusammensetzung. Die eigentliche Idee von Kontrolle lässt sich nicht auf ein von vornherein pathologisches Verhalten reduzieren, das »bloß Zeit braucht, damit nachwächst, was es tötet«.[24] Kontrolle ist nicht gleich Unterdrückung; lest euren Foucault *gründlicher*. Kontrolle ist zugleich ein Mittel des Schutzes *vor*, die Gestaltung *von*, ist Form*gebung*, Strukturierung, ist ein Mittel zur Durchsetzung *von* und die Freiheit, nicht frühzeitig und sinnlos zu sterben. Letztlich spielt es also doch eine Rolle, ob eine Verwaltung die Kriterien eines Staats oder einer dezentralen autonomen Organisation, eines Gesetzes oder einer Plattform oder einer Maschine oder von etwas bisher Unbenanntem erfüllt. Noch wichtiger jedoch ist, dass sie tatsächlich entwickelt wird.

Auf dem Spiel steht nicht nur die Fähigkeit, auf planetarischer Ebene zu handeln, sondern auch das konzeptionelle Register der *Planetarität* selbst: was sie ist und sein könnte. Worin besteht die Fähigkeit eines Planeten zur Selbstgestaltung (was letztlich genau das meint, wenn ich von »Governance« spreche)? Was wäre notwendig, um dieser Fähigkeit tatsächlich näherzukommen und sie zu verwirklichen? Das heißt, was muss »Planetarität« in ihrer maßgeblichsten philosophischen und astronomischen Konnotation besagen? Was ist nicht damit gemeint? Es geht ihr nicht darum, Menschen und Dinge an ihren »ursprünglichen Ort« zurückzubringen. Die Bewegungen und Passagen des Lebens über die Oberfläche der Erde – und seien es Mikroben, die auf ihrem Weg Tiere passieren, sich symbiotisch und parasitär mit ihren Wirten entwickeln – beschreiben einen Prozess, der dem Homo sapiens um Milliarden von Jahren vorausgeht. Eine atavistische Homöostase göttlicher Ortsverbundenheit stellt weder eine realistische noch eine wünschenswerte Vision dar.

Nie gab es eine Zeit des korrekten Ortes, in der die Menschen sich an ihrem wahren Platz befanden, in der die Tiere einfach sein konnten, in der Flora und Fauna optimal positioniert waren. Der Kreationismus klammert sich an der Vorstellung fest, dass erst ein kürzlich aufgetretener Störfall einen nachfolgenden Zustand außergewöhnlicher Amalgamierung hervorgebracht habe, doch handelt es sich dabei um ein wissenschaftlich und ethisch inakkurates Verständnis der Beziehung zwischen der Welt und dem, was in ihr ist. Die bedrückende Vorstellung eines ursprünglichen Orts für Menschen und Dinge untermauert die seltsam nativistische Logik, aus der die zweckmäßige Begründung hervorgeht, eine ansteckende Population vermittels ihrer Pässe zu filtern und zurück in ihre jeweilige nationale Gerichtsbarkeit zu verfrachten. Dabei war es, als ob die Amalgamierung und die Kontrainfektion eine außergewöhnliche *Abweichung* von der natürlichen Ordnung darstellten. Um diese Amalgamierung irgendwie rückgängig zu machen, müsste der allererste Schritt einer kalkulierten Intervention sein, die Dinge wieder auf ihren Platz zu verweisen. Auf lange Sicht ist es vollkommen unvertretbar, auf diesen Mythos zu vertrauen.

Eine ethische (weil geohistorisch realistische) Planetarität setzt sich die Amalgamierung als Prämisse, um sich die Künstlichkeit der Selbstkomposition zu eigen machen zu können. Zuerst kommt also die Amalgamierung. Die Epidemiologie stellt dementsprechend ein *Grundprinzip* des Sozialen dar, keine zusätzliche Perspektive, die erst eintritt, sobald die Dinge den Bach runtergehen. Dies ist nicht bloß hypothetisch, und, wie schon erwähnt, bietet die Klimawissenschaft bereits eine andere Möglichkeit, über den Zweck von technischer Berechnung auf planetarischer Ebene nachzudenken, basierend auf dem vorausschauenden Verständnis langfristiger Prozesse jenseits der anthropometrischen Skala. Um an diesen Punkt zu gelangen, darf man sich nicht auf eine lächerliche Technikethik und regulatorische Prahlereien verlassen, um die pathologischen Symptome der auf den Planeten bezogenen technischen Berechnung zu »beheben«, sofern diese in erster Linie weiterhin darauf programmiert ist, die exotischen Missverständnisse überindividualisierter, sich beglückwünschender menschlicher User:innen zu reflektieren. Dies stellt nämlich ein fatal verzerrtes Modell dessen dar, was eine Gesellschaft ist, und kein *politischer Solutionismus* der Welt könnte daran etwas ändern.

Aus dem gleichen Grund werden das theatralische Du-wirst-nicht-glauben-was-als-Nächstes-passiert-ist-Gehabe und anderes Clickbaiting bezüglich des Schutzes persönlicher Daten als wahrer Weg zur Befreiung von tyrannischer Vereinnahmung sowie als Dreh- und Angelpunkt, um den die politische Kritik an technischer Berechnung kreist, das primäre pathologische Symptom, also die grotesk verflachende Atomisierung des Sozialen, nur noch verschlimmern. Denn das Problem besteht nicht darin, dass der romantische, narzisstische, bürgerlich-liberale Individualismus vom »bösen Man mit der bösen Maschine« besudelt und verfälscht worden wäre; das Problem ist der romantische, narzisstische, bürgerlich-liberale Individualismus selbst. Ein Großteil der heutigen aus der Techlash-Ecke kommenden Kritik ist nichts anderes als ein schauerlicher Liebesbrief an ihn.

Was aber ist mit den vorhandenen Plattformen? Nicht nur treiben sie ihr Schindluder mit ebenjenem pathologischen Symptom; sie haben auch dazu beigetragen, die heute vorherrschende verschrobene Subjektposition zu *erschaffen*, nämlich das Individuum als User, dessen gesellschaftlich bedeutsame Handlungsmacht in den »privaten Daten« liegt, die er »besitzt« und die späterhin mitunter »extrahiert« werden. So lassen sich dann Subjektivitätspositionen massenhaft produzieren. Auf Gedeih und Verderb zu verteidigen ist die angebliche Heiligkeit dieses subjektförmigen Menschenkostüms ganz sicher nicht.

Was dies für die postpandemische Biopolitik heißt, ist jedoch sowohl konzeptionell als auch technisch entscheidend. Wie bereits in Bezug auf die Ethik des Objekts erörtert, muss eine andere Form der Subjektivität und Handlungsmacht entstehen als »Pawlows wütender Clown«, den wir im letzten Jahrzehnt perfektioniert haben. Zudem können wir nicht einfach von den schädlichen Akteuren »unsere Daten zurückverlangen« und davon ausgehen, dass sie für die erforderlichen Zwecke eingesetzt werden können, denn einfach gesagt handelt es sich dabei um die *verkehrten* Daten. Schließlich sind Daten zur Vorhersage individueller Konsumgewohnheiten für die positive Biopolitik, derer wir benötigen, einfach nicht besonders nützlich.

An dieser Stelle ein kleines Gedankenexperiment: Auf magische Weise besitzen Sie plötzlich all die Likes, Posts, Emojis und Urlaubsfotos von sieben Milliarden Menschen. Und nun? Was machen Sie *damit*? Lösen Sie mithilfe all der hitzigen Kommentare über Gott und die Welt das Klimaproblem? Nutzen Sie die von Palantir ermittelten Bedrohungsanalysewerte von siebzehn isolierten Bundesbehörden, um ein neues Gesundheitssystem aufzubauen? Sie werden schnell feststellen, dass Sie angesichts des Umfangs der vor uns liegenden sozialen Infrastrukturprobleme *andere* Daten benötigen als die, die derzeit produziert werden. Unsere kompositorische Kreativität dahingehend abzurichten, diejenigen Daten zu produzieren, die wir tatsächlich brauchen, wird sich als weitaus schwieriger, dafür aber lohnender erweisen als die zur Verfügung stehenden lockeren Reformen – und zugleich wird es ein anderes Verständnis davon erfordern, was Daten in dieser Größenordnung überhaupt sind und wozu sie dienen.

Das unglaublich ausgeleierte Bild von der Daten-»Extraktion« ist in mehr als nur einer Hinsicht schief. Daten werden nicht vorgeformt und eingelagert wie ein Mineral, sondern entstehen während ihrer Modellierung. Es handelt sich bei ihnen um kein knappes oder exklusives, sondern um ein im wahnwitzigen Überfluss vorhandenes Gut, und ein und dasselbe Phänomen ist in der Lage, aus unterschiedlichen Gesichtspunkten verschiedene Arten von Daten zu erzeugen. Und genau das ist der Punkt. Als die Sowjetunion in den 1970er-Jahren detaillierte Karten von New York City bis hin zur einzelnen Straße und zu jedem Gebäude anfertigte, ging es nicht darum, irgendetwas zu *extrahieren*. Sie *produzierten* ein spezifisches Modell dieser Stadt (für alle Neugierigen: Unglaublich interessant ist, was die Kartograf:innen beschlossen, einzuzeichnen, und was nicht). Da unsere Entscheidungen darüber, was wir inkludieren und was wir exkludieren, heute primär durch individuelles Engagement und Kommerz motiviert werden, halten wir uns damit auf Trab, Daten zu produzieren, die für die dringend notwendigen Modelle unserer Gesellschaft weitestgehend irrelevant sind.

Ein alternatives Datenparadigma könnte beispielsweise eher wie ein *Archiv* aussehen. Eine postpandemische Biopolitik würde nicht nur auf Echtzeit-Datenproben fußen, sondern auf äußerst langfristigen multivarianten Stichproben relevanter Phänomene über sehr lange Zeiträume hinweg. Bis zu einem gewissen Grad sind einige Länder selbstverständlich bereits dabei, die eine oder andere Version davon in den Bereichen Volkszählung, Soziologie, Bodenproben und vielem mehr zu verwirklichen, etwa der Genomik, aber nichts davon in einem Maßstab, der an das heranreicht, was wirklich möglich und notwendig ist.

Absolute Granularität und Allwissenheit sind weder das Ziel noch technisch oder gesellschaftlich erstrebenswert. Bei den für uns viel wichtigeren Bedeutungen und Fähigkeiten des »Archivs« handelt es sich mindestens um zweierlei: Erstens ist es eine getreue und umfassende Repräsentation des zurückliegenden Moments, der für zukünftige Untersuchungen stichprobenartig erfasst und aufbereitet wird. Zweitens ist die letztgültige soziale Funktion der Datenrepräsentation zum gegebenen Zeitpunkt unbekannt, da man nicht wissen kann, was in der Zukunft von ihr verlangt werden wird. Vergleichbar dazu könnte die Relevanz, die eine Stichprobe über einen kurzen Zeitraum besitzt, nur als Teil eines längeren, tiefergehenden Musters aufscheinen, das erst zusammengetragen und befragt werden muss. Es also zu vermeiden oder zu deaktivieren, einen Beitrag zum Archiv zu leisten bedeutet, insgesamt die bestmögliche soziale Funktion von Daten zu blockieren. Doch auch trotz der überwältigenden Datenquantitäten, die derzeit gesammelt werden, blockieren wir heutzutage ebendiese soziale Funktion durch falsche Modellierung, das heißt durch unsachgemäßen Gebrauch, insofern die Daten für diese Zwecke unbrauchbar oder nicht verfügbar sind.

Als alternatives Modell der technischen Berechnung im planetaren Maßstab erweist sich die Klimawissenschaft, die gleichermaßen von den Methoden und der Ethik des Archivs geprägt wird. Sie ist, wie gesagt, in der Lage, zuverlässige Bilder des Klimas zu erstellen, indem sie multitemporale, aus Sensorschichten, die so groß wie der Planet selbst sind, stammende Modelle anfertigt und die Grenzen der Supercomputer-Architektur ausreizt, um ein brauchbares Porträt der möglichen Zukunft zu produzieren. Dazu werden nicht bloß gewaltige Datenarchive angelegt, sondern der Planet selbst wird *als* Archiv gelesen. Von Eisbohrkernen über Jahresringe bis hin zu Trinkwasseranalysen interpretiert die Klimawissenschaft den Planeten unter den gegebenen wie auch den sich verändernden Umständen, rekonstruiert ihn vermittels Probenahme und modelliert das Sekundärarchiv, das wir als vergleichsweise winzige Erdsimulation des unglaublichen Ganzen technisch berechnen.

Von besonderer Bedeutung für das epidemiologische Gesellschaftsmodell ist, dass wir mithilfe der Geowissenschaften gelernt haben, die Welt durch an sich nicht-anthropometrische, sich über Millionen von Jahren verbindende Muster zu betrachten. Auch das ist eine Errungenschaft der technischen Wahrnehmung. Ein Mensch kann sehen, wie die Wüste im Laufe seines Lebens wächst, doch wäre er niemals imstande, die CO_2-Akkumulation eines Jahrhunderts anzuschauen oder sich hinzustellen und weiße Blutkörperchen dabei zu beobachten, wie sie ein Virus attackieren. Kein noch so angestrengtes Stieren und keine phänomenologische Hingabe werden ihn je bis zu diesem Punkt bringen. Es handelt sich um eine *wahre Abstraktion*, die allein aufgrund der Ausdehnung der fokussierten, säkularen, technischen Vernunft über den Horizont eines Ortes, eines Augenblicks oder einer Lebensspanne hinaus möglich ist; und für die Ethik der von uns benötigten postpandemischen Biopolitik ist dies unerlässlich.

Laut Derrida ist das Archiv das Versprechen an die Zukunft, dass die Gegenwart zur Rechenschaft gezogen werden kann. Doch kann es ebenso gut eine Technologie sein, die sicherstellt, dass Zukunft überhaupt möglich ist.

Schluss: Was ist das Postpandemische?

Die Rache des Realen folgt weiterhin ihrem eigenen Terminkalender. Während ich dieses Manuskript fertigstelle, wird über Europa ein weiteres Mal der Lockdown verhängt, und die Vereinigten Staaten haben soeben einen neuen Präsidenten ins Amt gewählt, was (vielleicht bloß temporär) immerhin eine Realitätsblase zum Platzen bringt. Chinesische Städte indes sind größtenteils wieder offen und beim Alten, und zwar ganz ohne, dass eine Mandarin-Version des Begriffs »soziale Distanzierung« jemals in den allgemeinen Sprachgebrauch eingegangen wäre. Es bedurfte dessen nicht, da die strengen und frühzeitigen Lockdowns und ihre Geltendmachung solche halb garen Verhaltensregeln entbehrlich werden ließen. Mit Blick auf die Zukunft aber ist bei Weitem nicht klar, inwieweit sich all dies – all die Toten und all das Leid – auf die politische Kultur nach der Pandemie auswirken wird. Zwar ist eine andere Biopolitik nicht nur möglich, sondern auch vorhanden, jedoch bedeutet das keineswegs, dass sie auch nur annähernd ihrer Verwirklichung harrt.

Die Gegenreaktion auf die Rache des Realen schreitet so lange voran, bis sie an eine Mauer stößt. Der Gipfel der Schadenfreude war erreicht, als sich Trump – womöglich während einer dummerweise ohne Maskenpflicht stattfindenden Feierlichkeit zu Ehren der Nominierung einer radikal konservativen Richterin für den Obersten Gerichtshof – selbst mit dem Virus infizierte. Der Körper des Souveräns war angegriffen, wohlgemerkt nicht enthauptet worden, aber doch die Membran von dem fremden Virus durchbrochen. In den darauffolgenden Tagen wurde das ganze Portfolio der seinerzeit verfügbaren biomedizinischen Behandlungsmethoden auf seinen Körper angewandt, was schließlich zu seiner Genesung und einer mehrtägigen Fernsehinszenierung führte, in der dieses Wunder gefeiert wurde: als Zeichen der kosmischen Macht des Herrschers – die Kraft seines Wortes und seiner Person – über die Kontamination.

Das schmachvolle Ende der Trump-Regierung kulminierte in dem grotesken Spektakel Hunderter bewaffneter Verrückter, die das US-Kapitol stürmten und den Tod der Tyrannen, die Aussetzung eines für die Bestätigung von Wahlergebnissen erforderlichen formellen Verfahrens sowie mehr Klicks und Abonnent:innen forderten. Ihre Rage wurde lediglich von ihrer Planlosigkeit übertroffen. Viele schienen sichtlich ratlos, was sie dort überhaupt mit sich anfangen sollten. Letztlich entschieden sich jene, die nicht gerade damit beschäftigt waren, brutal gegen das Wachpersonal vorzugehen, einfach dafür Selfies zu machen.

Trotz des damit einhergehenden Entsetzens lässt sich der »Stop the Steal«-Aufstand womöglich nicht passgenau als politisch motivierte Gewalt definieren. Denn dazu müsste davon ausgegangen werden, dass die einfallende Horde eine tatsächlich existierende politische Realität anfechten wollte. Angesichts ihrer gleichförmigen Ernährung aus Verschwörungstheorien und hochaufgelösten Alternativwelten sollte jedoch klar sein, dass ihr Aufstand sich in einem epischen Fantasy-Szenario abspielte, das in den mit eigenen Vorstellungen gespickten Vereinigten Staaten angesiedelt war. Die Formen und Formate des »Politischen« sind zwar Schlüsselbegriffe dieses Epos, doch ob die wirklich existierende Macht direkt beanstandet wurde, ist eine andere Frage. Kann es Politik als solche geben zwischen jenen, die sich uneins über die angemessene Gesellschaftsform sind, aber auch zwischen jenen, die sich der Realität beugen, und jenen, die das nicht tun? Man kann sich mit der Aussage »Jede Politik ist ontologisch« einverstanden erklären, wenn man gleichzeitig bereit ist, diese Maxime auch wirklich bis zum Schluss beizubehalten, und wer dies ist, für den saß im Fall des Sturms aufs Kapitol nicht nur die Realität der Macht auf der Anklagebank, sondern auch die begrenzte Macht der Realität.

Und dennoch: Sofern dieses Ereignis als ein Crescendo der rechtspopulistischen Biopolitik verstanden wird, die den Aufstieg Trumps und die letztendliche Koalition zwischen Masken- und Lockdownverweigerern, der Verschwörungsschizopolitik und bewaffneten rassistischen Milizen befeuert hat, dürfte womöglich klarer werden, welche Realität und welche »Macht« sie bei ihrem Aufstand heraufzubeschwören glaubten. Der »Y'all Qaeda-Putsch« und die populistischen Bewegungen, für die dieser eine verquere Vorkämpferrolle einnahm, beruhten und beruhen nach wie vor auf dem Gepränge der souveränen Macht: der Macht, die im Körper des Königs und seinem Wort, in den Bannern und symbolischen Zentren sitzt. So ist es dann auch möglich, dass das Wort des Anführenden über die (Un-)Wahrheit des Virus, seine kulturelle Signifikanz, das Phantom des Wahlbetrugs und im Endeffekt über die Realitätsblase entscheidet, in welcher seine Untergebenen leben und kämpfen (zumindest bis sie platzt). Insofern macht es Sinn, im Kapitol »Capture the Flag« zu spielen, zumindest bis ihnen auffällt, dass die eigentliche Macht dort gar nicht liegt. Ups.

Die Macht einer positiven postpandemischen Biopolitik steckt hingegen in einem anfänglichen biopolitischen Stapel: Hardware, Software, Wetware. Sie besteht aus Technologien, Prozessen, Richtlinien und Parametern verschiedener Akteure in einer stark umkämpften, multipolaren geopolitischen Gemengelage sowie aus Sensoren, Chips, simulierten Genomen, Nadeln und sterilen Tüchern. Verwirklicht wird sie durch die Arbeit von Millionen von Menschen. Ihre Planetarität – ihre Zukunft – ist jedoch ungewiss. Weder ihre Koaleszenz noch ihr Zustandekommen sind unvermeidlich. Ihr Stand ist bestenfalls unsicher.

Ihre Verwirklichung hängt von vielen Dingen ab. Von einer Ökonomie, die universelle Verfügbarkeit und umfassende Ko-Immunität ermöglicht, ungeachtet geografischer Cluster und willkürlicher Bevölkerungsunterteilungen. Von glaubwürdigen Daten und Modellen. Sie würde das Risiko so verteilen, dass kollektive und individuelle Gefahrenpotenziale und Verantwortlichkeiten aufeinander abgestimmt wären; sie wäre granular und würde sich über verschiedene Skalen hinweg erstrecken, auch über solche, in denen nicht immer der einzelne Mensch im Mittelpunkt steht. Die Bilder der Selbstidentität, die sich in ihren Interfaces spiegeln würden, wären gut auf diese Ausrichtung abgestimmt und weder durch eine heroische noch durch eine eingekerkerte Überindividuation festgelegt. Und am wichtigsten vielleicht: Ihre Funktion wäre nicht auf die moralische Leistung der an ihr Beteiligten noch auf die unvorhersehbare Besonnenheit oder den Aberglauben, die Kompetenz oder Unwissenheit derjenigen angewiesen, die eine bestimmte formale Regierungsleitung innehaben.

Diese Liste an Parametern scheint gleichermaßen bewältig- wie unbewältigbar. So bedarf es keines technologischen Wunders, um sie abzuarbeiten; die Mittel sind vorhanden. Die dafür notwendige internationale Koordination hingegen scheint von einem anderen Stern zu kommen. Die Online-Nörgler, die fragen: »Warum kann nicht einfach Amazon die Impfstoffverteilung übernehmen?« – eine Frage, die meiner Meinung nach ohne jedwede Zuneigung für das Unternehmen gestellt wurde, dafür aber mit widerwilligem Respekt für dessen logistische Effizienz –, legen für mich die allgemeine Erkenntnis nahe, dass die plump-tragische staatliche Pandemiebekämpfung des Westens nutzlos und untragbar ist. Die massiven staatlichen Investitionen in die Impfstoff- und biomedizinische Forschung – der letzten Jahre, nicht bloß Monate –, die mehrere, beinahe sofort einer Prüfung unterziehbare Kandidaten bereitstellte, führen das Vermögen des Staats vor Augen, Kapital zu mobilisieren und es für das Allgemeinwohl einzusetzen. Umso deutlicher tritt daher der Kontrast zu allen nachfolgenden Katastrophen hervor. Welche Institutionen wären also angemessen? Eine geeignete planetarische Biopolitik macht eine Umstrukturierung und Neudefinition der Rolle des Staats wie auch der zu erwartenden Verantwortlichkeiten privater, sich dem Diktat der öffentlichen Vernunft unterordnender Plattformen erforderlich.

Ich behaupte, dass die Geschichte den Schluss nahelegt, dass die künftige Geopolitik eher das Ergebnis der Geotechnologien als ihre Ursache sein wird. Das bedeutet aber noch lange nicht, dass diese Geotechnologien sich selbst aus dem Hut zaubern werden. An diesem Punkt bedarf es nicht bloß eines vorsichtigen Schritts in Richtung »Erfindung«, sondern auch eines Wandels von Absicht, Funktion und Begründung bestehender Geotechnologien hin zu rationaleren und gerechteren Zielen. Dieser Wandel wird nicht die Verankerung traditionell nationaler und regionaler Koalitionen in einer dem globalen Einfluss entzogenen Souveränität erforderlich machen, sondern eher die Verwirklichung planetarischer politischer Parteien, Programme, Plattformen und Politiken (die sechs Ps, wenn Sie so wollen). Angefangen bei den Auswüchsen Steve Bannons bis hin zu den diversen Green New Deals lassen sich ein paar anfängliche Versionen davon bereits erkennen, wobei manche angeprangert, andere gefeiert wurden. Rechtspopulist:innen organisierten eine globale Koalition sowie Finanzierungsstrukturen, um etliche nationalistische, traditionalistische und isolationistische Programme zu unterstützen, während Linkspopulist:innen mehrere lokale Koalitionen und Finanzierungsstrukturen organisierten, um internationalistische, progressive Plattformen zu unterstützen. Ich frage mich aufrichtig, welche Strategie die absurdere ist.

Diverse aus West und Ost stammende Bewegungen, Theorien und Pläne der letzten Jahre haben sich nicht nur eine erweiterte Rolle für die Top-down-Regierungsführung überlegt, sondern, weitaus wichtiger, eine Vision für eine Gesellschaft erträumt, die in der Lage wäre, sich mithilfe langfristiger Megaprojekte selbst zu komponieren. Manchmal ist mit »Regierungsführung« beziehungsweise »Governance« der Staat gemeint, manchmal aber auch nicht. »Medicare for All« in den Vereinigten Staaten ist hierfür ein Beispiel, und, wie angedeutet, erweisen sich verschiedene Green New Deals als sogar noch ambitionierter. Beide Programme stehen im Einklang mit einer positiven postpandemischen Biopolitik, die nicht Einzelpersonen, sondern ganze eingebundene und wechselseitig abhängige Populationen zum Gegenstand hat. Während diese beiden Megapolitiken an der Rolle des Staats als Hauptakteur festhalten, könnten wiederum andere eine vollkommen andersartige Dynamik von öffentlich und privat, zentralisiert und dezentralisiert vorsehen.

Was sie jedoch alle miteinander verbindet, ist eine Betrachtungsweise des Politischen, die sich *vom Recht zur Biologie*, von der Stimme zum Organismus verlagert. Die verschiedenen nationalen und regionalen Green New Deals beispielsweise implizieren eine Verschiebung der Rolle dessen, was die Governance sieht, weiß, tut und wofür sie steht. Anstatt lediglich den allgemeinen Willen oder die Stimme des Volks widerzuspiegeln, besteht die Funktion von Governance nun auch in dem *direkten Management von Ökosystemen*, die als Teil der menschlichen Gesellschaft verstanden werden.

Dies bloß als ein neues Mandat für das aufzufassen, was die existierenden Nationalstaaten tun können, dürfte jedoch nicht weit genug gehen. Eine koordinierte transnationale Planung regt zu Investitionen in Infrastrukturen an, die auf langfristigen Rekuperationszyklen von Energie- und Materialströmen gründen. Glücklicherweise hat ein Großteil der interessantesten Arbeiten im theoretischen Bereich der Planetarität, der Ökologie und der planetarischen Sensorik seit Jahren alternative Grundlagen geschaffen. Denn hier und da ein wenig an den Knöpfen zu drehen, wird nicht ausreichen. Eine planetenskalierte Mobilisierung, ob staatlich gelenkt oder nicht, sollte beispielsweise auch die derzeit so schmerzlich augenscheinliche Verbindung zwischen stabilen öffentlichen Gesundheitssystemen und wirtschaftlicher sowie ökologischer Realisierbarkeit einschließen. Sie würde zugunsten der Kooperation auf Nationalismus verzichten, die Grundlagenforschung in den Vordergrund rücken und die Culture-War-Romantik von der ökologischen Teilhabe und Verwaltung abkoppeln.

Diese Prioritäten nehmen die inhärent »künstliche« Realität unseres planetarischen Zustands als Ausgangspunkt. Die Weigerung, sich zugunsten einer Rückkehr zur Natur oder einer Kapitalrendite auf diese Künstlichkeit einzulassen, sie zu akzeptieren und die Verantwortung für die Folgen zu übernehmen, hat zu katastrophaler Verleugnung und Vernachlässigung geführt. Ordentliches Engagement bedeutet nicht nur Eingriffe in XXL-Projekte, sondern definiert sich weitaus besser anhand der *Auswirkungen* im planetaren Maßstab. Und das wissen wir. Denn wir *sind* eine der Auswirkungen. Globale Programme zur Bereitstellung kostenloser Impfstoffe beispielsweise sind nur eine Möglichkeit, wie der Mensch den Lauf seiner eigenen Evolution künstlich gesteuert hat.

Gleichzeitig hat die Technikphilosophie nicht immer Schritt gehalten mit solchen Gegebenheiten. So mögen herkömmliche Unterscheidungen zwischen »Gesellschaft« und

»Technologie« (wie zwischen »Natur« und »Kultur«) in regelmäßigen Abständen dekonstruiert werden, und dennoch werden Vorschläge, die sich Technologien in einem Rahmen zunutze machen, in dem die Gesellschaft intervenieren möchte, ab und an als »technologischer Determinismus« abgetan, als wäre das Technische nicht das Soziale und umgekehrt. Ein guter Grund dafür ist, dass viele solcher Interventionen naiv davon ausgehen, dass es eine einfache Entsprechung zwischen dem, was wir von einer Technologie erwarten, und dem, was sie tatsächlich tut, gäbe.

Der umgekehrte Fall aber – ein unerschütterlicher *sozialer Determinismus* (oder schlimmer noch: ein ästhetischer Determinismus), der versucht, die Transformation zugunsten eines abgekoppelten kulturellen Bereichs zu »enttechnologisieren« – würde die gleichen Fehler begehen, wenn auch in entgegengesetzter Weise, nämlich indem er die aus der sozialen und technologischen Verflechtung gezogenen Lehren aufgibt und einen geraden Weg vom Wunsch zum Ergebnis voraussetzt. Noch einmal: Kompetenz verlangt weder Allwissenheit, noch setzt sie voraus, dass sich fantastische neue Technologien plötzlich als Deus ex Machina einstellen. Sie erfordert in erster Linie die Verwirklichung des Potenzials dessen, was wir bereits kennen und momentan erlernen.

Um es noch einmal zu betonen: Dieses Bekenntnis zum wissenschaftlichen Materialismus und zur geotechnologischen Biopolitik erfolgt nicht, weil sie uns zu Meisterschaft verhelfen, sondern weil unsere ungewissen Verflechtungen untereinander *nicht* von unseren Verflechtungen mit der Technologie getrennt sind. Wir sind auf einer Linie mit Stanisław Lems Hinweis, dass das Interessanteste an Technologie ihre Unberechenbarkeit ist und dass sich ihre interessantesten Auswirkungen niemals auf die ursprünglichen Absichten reduzieren lassen. Die verschlungene Geschichte der Architektur, der technischen Berechnung, Anästhesiologie, Mikrobiologie, der Impfstoffe, Masken, Antibiotika und vielem mehr zeugt davon.

Die postpandemische positive Biopolitik wird nicht durch Technologie als solcher »gelöst« werden, aber genauso wenig wird sie realisierbar sein ohne eine robuste Sensorschicht, ohne die Modellsimulationen eines epidemiologischen Blicks der Gesellschaft, die in der Lage sind, das zu regeln, was sie repräsentieren, ohne die mediatisierte Automatisierung sozialer Integration, ohne die technische Abstraktion des medizinischen Blicks, ohne die Ethik des Objekts und ohne die Strapazierfähigkeit, die planetenskalierte technische Berechnung wegzulenken vom Spiegel der Individuation.

Der Weg ist überschaubar, aber er ist nicht geradlinig. Indem der RNA-Code von Covid-19 unsere Zellen hackt, löst er einen Dominoeffekt aus, der nicht nur die Regungen der Menschen verändert, sondern auch auf die planetarischen Energie-, Materialisierungs-, Ausgaben- und Abfallzyklen Einfluss nimmt. Hierbei handelt es sich um das ökologische Prinzip der *trophischen Kaskade*, bei der die Handlungsmacht einer Lebensform Veränderungen mit weitreichender Wirkung in Gang setzt. So verändert etwa die Wiederansiedlung von Wölfen im Yellowstone-Nationalpark indirekt, aber erheblich den Lauf der dortigen Flüsse. Und um die Ausbreitung von Covid-19 zu verhindern, fanden sich dänische Veterinärmediziner:innen in der Situation wieder, Nerze ausmerzen zu müssen. Das Fazit daraus sollte nicht lauten, dass globale Vernetzung gefährlich ist, sondern dass sie intrinsisch ist und tiefer geht, als man sich normalerweise bewusst ist.

Darin liegt auch der Grund, weshalb sich, da der planetarische Stoffwechsel durch die übermäßige Freisetzung von Kohlenstoff und Erwärmung gestört wurde, die Komposition der dringend benötigten Alternativen nicht darauf verlassen kann, dass es ausreicht, einen einzigen Knopf in die richtige Richtung – »Wachstum« oder »Degrowth« – zu drehen. Unser Denken und unsere Maßnahmen müssen stattdessen auf einem Verständnis der zyklischen Wechselbeziehungen und physischen Ökonomien beruhen, von der Größenordnung der Virusinfektion bis zur interkontinentalen Zirkulation und wieder zurück.

Die Bildung der postpandemischen Biopolitik birgt also nicht nur die Reorganisation von Institutionen, um die Lücken zu stopfen, die das derzeitige internationale Geopolitikchaos hinterlassen hat, sondern sie bringt auch mit sich, und zwar per Definition, dass wir *uns selbst* reevaluieren und erneuern. Dabei soll es darum gehen, zu entscheiden, was wogegen immun sein soll, was sich in Bezug auf diese Immunität entwickeln könnte, wodurch letztlich auch immer wieder die ungleichmäßige Grenze der Menschheit selbst neu bestimmt werden soll. Denn die Ko-Immunität, die jede Biopolitik hervorbringt, spaltet nicht nur diejenigen von uns, die drinnen sind, von denjenigen von uns ab, die draußen sind, sondern bestimmt auch, welche Teile des biologischen Flusses menschlich und welche Teile davon – künstlich – ausgenommen sind.

Was also bedeutet Governance für die postpandemische Biopolitik? Wir sollten nicht davon ausgehen, dass es sich bei ihrem institutionellen Modell um eine Collage der Vergangenheit handelt, und auch nicht, dass sie uns dazu bringt, dass wir eine Ersatzdebatte reinszenieren, die sich mit Zentralisierung versus Dezentralisierung beschreiben lässt. »Governance«, wie ich sie definiert habe – nämlich als Fähigkeit einer Gesellschaft, sich selbst zu modellieren und auf sich selbst zurückzuwirken –, ist weder auf den traditionellen Staat beschränkt noch von ihm ausgenommen. Das bedeutet, dass Experimente zur Zukunft der Governance sorgfältig daraufhin ausgelegt werden sollten, was gut funktioniert und sich für eine tragfähige postpandemische Biopolitik umfunktionieren lässt, selbst wenn der Zweck, für den es heute eingesetzt wird, missfällt. Es scheint gewiss, dass die Unterscheidung – um welche auch immer es sich dabei handelt – zwischen Technologie, Politik und Wirtschaft immer unklarer und vielleicht auch weniger relevant werden wird. Das »Kalkulationsproblem« wird dadurch kein bisschen einfacher, ebenso wenig wie die schwierige Aufgabe, herauszufinden, »was überhaupt berechnet werden soll«.

Selbst wenn die Fähigkeit zur modellgesteuerten rekursiven Komposition allgegenwärtig ist, ist sie deswegen noch lange nicht zentralisiert oder dezentralisiert. Schließlich gibt es auch in der Biologie keinen zentralen »immunologischen Prozessor«; die Funktion ist über den ganzen Körper verteilt, und ich vermute, dass es sich bei der postpandemischen biopolitischen Ko-Immunisierung ähnlich verhalten würde. Für uns Menschen, sowohl im Globalen Norden wie im Globalen Süden, würde eine solche Verteilung die formale Befähigung einschließen, Modellabstraktionen aus unterschiedlichen Blickwinkeln entwerfen und sie entsprechend aktivieren oder einschränken zu können. Ob die intelligenten Funktionen dieser Modellierung und Simulation »zentralisiert« sein müssen, wie es, grob gesagt, in unserem Gehirn der Fall ist, bleibt ebenfalls dahingestellt. Was zählt, ist, dass sie in der Lage sein müssen, auf der Ebene der relevanten Ereignisse und Phänomene zu agieren, und nicht, dass die Mittel dazu *selbst* eine Singularität von planetarischem Ausmaß sind. Das darf sein, muss es aber nicht.

Wenn die Governance letztlich also nicht nur dem Gesetz, sondern auch der *Entscheidung* inhärent ist, dann haust die Entscheidung gleichsam in der Automatisierung von großen und kleinen, maschinellen, protokolllogischen, linguistischen und kognitiven Prozessen. Zugleich setzt die Automatisierung der Entscheidungsfindung als Reaktion auf diese Bedingungen andere Dinge in Bewegung, die es ihnen ermöglichen, sich aufzulösen, ein Ganzes zu bilden und planmäßig zu liefern. Dabei handelt es sich bei dem »Plan« wie immer weniger um ein starres Programm als vielmehr um eine Bezeichnung für die Fähigkeit eines jeden komplexen Systems, in das wir eingebunden sind, um es mit Bedacht zu ergründen und zusammenzusetzen. Eine positive Biopolitik findet sich in der Handlungsmacht des Nicht-Subjektiven, in der Abstraktion, der Externalisierung und in verschiedenen Relaispunkten ebendieser, nicht bloß an einem Ausgangspunkt anthropomorpher Souveränität. Die Automatisierung der Pflege auf der Skala der menschlichen Population ist eine Maschine mit diversen Pfadabhängigkeiten; sie besteht aus einer Million kleiner Dinge, die genau richtig zusammen- oder auseinanderfallen. Die Handlungsmacht im System liegt nicht allein bei jenem, der den ersten Dominostein umwirft, sondern darin, wie die fallende Kaskade aufgebaut ist, um die Handlungsmacht entlang des gesamten Relais von Ursache und Wirkung nachklingen zu lassen.

Wie immer ist der beste Weg nicht der, der am wahrscheinlichsten eingeschlagen wird. Wobei, wie gesagt, das, was am allerwahrscheinlichsten ist, nur selten geschieht. Die nahe Zukunft, in der wir leben werden, sofern eine positive Biopolitik *nicht* zustande kommt, wird im höchsten Maß *normal* erscheinen. In gewisser Weise mache ich mir darüber eigentlich am meisten Sorgen. Denn diese Normalität ist es, die den Boden für die kommenden planetarischen Katastrophen bereiten wird.

Es fällt nicht sonderlich schwer, sich diese neue Normalität vorzustellen, sickern wir doch gerade langsam in sie ein. Die Covid-19-Pandemie hat uns alle freiwillig oder erzwungenermaßen zu Epidemiolog:innen gemacht. Das Mainstreaming des *epidemiologischen Blicks der Gesellschaft* wird zu widersprüchlichen Reaktionen führen, was das Verständnis des eigenen Körpers, des Körpers der Menschen im Allgemeinen und der hypothetischen und realen Erfahrungen von Berührung und Berührtwerden anbelangt. Synonyme für »ansteckend« und immer obskurere Vokabeln für Risiken werden aufbrausen und abklingen in unregelmäßigen Rhythmen. Unsere Langzeitreaktionen auf die (biologischen, gesellschaftlichen und wirtschaftlichen) Krisen der Pandemie werden sich wie Weinreben umeinander ranken. Manche Menschen werden soziopathische Distanzierungsmethoden kultivieren, während manch andere einem gleichermaßen wahnhaften Drang sich unter die Leute zu mischen zum Ausdruck bringen werden. In ihrer Gesamtheit werden die Krisen unsere geistigen Fähigkeiten auf den Wert der biologischen Selbsternüchterung umschulen, aber auch viele ihrer weniger intelligenten Implikationen mobilisieren. Denn in unsicheren Zeiten ist es Dummheit, die sich anpasst. Dummheit *evolviert.*

Was wird die Mitte des nächsten Jahrzehnts offenbaren? Die stündliche Quantifizierung des Zustands von Körperflüssigkeiten – bisher nur Diabetiker:innen und Hypochonder:innen vorbehalten – wird Teil des Alltags sein. Wogen an biomedizinischen Start-ups werden spezialisierte Plattformdiagnosen für definierte Psychodemografien anbieten, und private Lieferdienste neue Protokolle für den Umgang mit den Tonnen an Spucke, Blut und Urin entwickeln, die sie von Privatwohnungen ins Labor bringen. Aufgrund von Rechtsstreitigkeiten über den zwischenstaatlichen Biohandel werden viele solcher Labors im Norden Mexikos angesiedelt werden: Maquiladora-artige Anlagen, in denen die Ausscheidungen der teilnehmenden Schichten mikroprozessiert werden.

Die Impfparanoia wird mutieren und neue Spezies ausbilden. Kanonische »Truther«-Stränge werden mit einer akzeptableren, weil gemäßigteren Sinophobie konkurrieren, nachdem China erfolgreich alternative zweite und dritte Wellen von Medikamenten, Richtlinien und Plattformen entwickelt hat. Die Frage, wer sich impfen »lässt« und wer nicht, wird zunehmend umstrittener werden, da die jährliche Grippeimpfung von einer vor sich hergeschobenen Erledigung zu einem unverhohlen politischen Akt avanciert, der einhergeht mit Glückwünschen oder sorgfältig nuancierten Zugeständnissen.

Die erhöhte Abhängigkeit von automatisierten Lieferdiensten wird zu einem Wettrüsten zwischen dem Kampf um bessere Arbeitsbedingungen für Arbeitnehmer:innen und dem Rebranding ihrer Arbeit als systemrelevant oder leicht ersetzbar – oder beides – führen. Fernrobotik wird es der Fertigungs- und Dienstleistungsindustrie in US-Städten ermöglichen, Personen auf anderen Kontinenten so einfach zu beschäftigen, wie es Call Center schon jetzt tun. Als Reaktion darauf werden Roboter für verschiedene politische Gründe missbraucht werden: Nativismus, Technophobie oder, was wahrscheinlicher ist, für beides.

Die Automatisierung wird die Schnittstelle zwischen Haus und städtischem Umfeld neu gestalten. Derweil wird die urbane Architektur neue, dem Prinzip der Berührungslosigkeit gewidmete Prothesen hervorbringen, und Designschulen werden weiterhin mit Studios, die von ernsthaftem ästhetischem Interesse sind, zoomen, um dieses oder jenes Vorhaben zu erörtern. Die improvisierten Unterkünfte von heute werden demgegenüber einerseits klarer definierten Behausungen und andererseits den nur scheinbar pluralistischeren, offenen Gemeinschaftsräumen weichen, die letztlich doch nur den Menschen mit *Niederlassungserlaubnis* offenstehen.

Die Apple Mask (Nasdaq: AAPL) und die Nike Filtron (NYSE: NKE) werden die größten Anteile am *Smart-Mask*-Markt unter sich aufteilen. Apples Plattformintegration von eingebauten Sensoren, die die Atemluft der User:innen und die externe Luftqualität auf ihren Smartphones trackt, wird aufgrund eines feindseligen Zulassungsprozesses der US-Behörde für Lebens- und Arzneimittel zwar erst später launchen. Die ordentliche Integration von prädiktiver Metrik mit anderen persönlichen, gesundheitsbezogenen Datenströmen deutet jedoch darauf hin, dass sie besser auf einem breiteren Markt (einschließlich China) positioniert ist, wohingegen Nikes Angebot aufgrund der Echtzeitanalyse der Blutsauerstoffversorgung sowie anderer wichtiger Leistungsindikatoren für Profisportler:innen besser geeignet ist.

Gemäß dem üblichen gravitativen Phlegma der Geschichte werden die meisten durch die Covid-19-Pandemie hervorgerufenen Veränderungen in unseren Wohnungen, Häusern und Sitten nicht als Post-Covid-Permutationen bezeichnet werden, sondern schlicht und einfach als die Normalität des Tages. Diejenigen, die dazu in der Lage sind, werden sich mit frischem Geschick ihrer selbst widmen, und diejenigen, die es nicht können, werden den Ersteren Aufmerksamkeit als Dienstleistung zuteilwerden lassen oder riskieren, selbst zu Bedienerlosen zu werden. Letztendlich werden die epidemiologischen Vorkehrungen genauso wenig eine Notlage sein wie die Gepäckscanner an Flughäfen, das Kalorienzählen, das »Dankeschön« an die Mitreisende für das Teilen des Handdesinfektionsmittels oder die Impfung.

Zum Glück stehen uns aber auch bessere Pläne und Pfade zur Verfügung.

Ein letzter Gedanke: Letzten Monat fragte mich ein Reporter misstrauisch, ob ich ein »Globalist« sei. Ich antwortete: »Ja, aber auf eine Weise, die Ihre schlimmsten Befürchtungen bei Weitem übertrifft.«

Anmerkungen

1 Paul B. Precadio, »Learning from the Virus«, in: *Artforum*, {www.artforum.com/print/202005/paul-b-preciado-82823}, letzter Zugriff 29.5.2022.

2 Anm. d. Ü.: Knut der Große (ca. 995–1035), Herrscher über das Teile Englands, Dänemarks, Norwegens, Schottlands, Deutschlands und Schwedens umfassende Großreich Nordseereich, wird im englischen Sprachraum heute vor allem mit der Legende in Zusammenhang gebracht, er habe sich von der Flut überspülen lassen, um auf die Machtlosigkeit selbst eines Königs gegenüber den Kräften Gottes und seiner Schöpfung hinzuweisen. In anderen Interpretationen hingegen wird Knuts Versuch, der Flut mit seinem Körper Einhalt zu gebieten, als Größenwahn dargestellt und sprichwörtlich für vergebliche Unterfangen verwendet.

3 Anm. d. Ü.: In den letzten Jahren bildete sich in China eine hierarchische Klassifikation von Städten aus: tier-one bis tier-five, eine graduelle Abstufung, die vornehmlich Kategorien wie Konsumverhalten, Einkommen usw. berücksichtigt.

4 Kimberly S. Engels, »Biopower, Normalization, and HPV: A Foucauldian Analysis of the HPV Vaccine Controversy«, in: *Journal of Medical Humanities* 37, 3 (2016), S. 299–312, hier S. 300 (DOI: 10.1007/s10912-015-9361-5).

5 Michel Foucault, *Sicherheit, Territorium, Bevölkerung. Geschichte der Gouvernementalität I*, Frankfurt a. M. [4]2015, S. 91 f.

6 Giorgio Agamben, »Körper ohne Worte. Gegen die biopolitische Tätowierung«, in: Horst Bredekamp u. Gabriele Werner (Hg.), *Bildwelten des Wissens. Kunsthistorisches Jahrbuch für Bildkritik*, Bd. 2.1: *Bildtechniken des Ausnahmezustandes*, Berlin 2004, S. 19–20, hier S. 20 (Hvh. d. Autors).

[Anm. d. Ü.: Zwischen dem Erscheinen des italienischen Originalbeitrags (»Se lo stato sequestra il tuo corpo«, in: *La Repubblica*, 8.1.2004) und demjenigen der von Benjamin Bratton zitierten englischen Übersetzung, die merkwürdigerweise auf die französische Übersetzung zurückgreift (»No to Biopolitical Tattooing«, in: *Communication and Critical/Cultural Studies* 5, 2 (2008), S. 201–202) scheinen sich Wörter in den Text eingeschlichen zu haben, die sowohl im Original als auch in der deutschen Übersetzung fehlen:
Ital.: »Ciò che qui è in questione è la nuova relazione biopolitica ›normale‹ fra i cittadini e lo stato. Questa non riguarda più la partecipazione libera e attiva alla dimensione pubblica, ma l'iscrizione e la schedatura dell' elemento più privato e incomunicabile: la vita biologica dei corpi.«
Franz.: »Ce qui est en jeu ici n'est rien de moins que la nouvelle relation biopolitique ›normale‹ entre les citoyens et l'État. Cette relation n'a plus rien à voir avec la participation libre et active à la sphère publique, mais concerne l'inscription et le fichage de l'élément le plus privé et le plus incommunicable de la subjectivité: je veux parler de la vie biologique des corps.«
Engl.: »What is at stake here is none other than the new and ›normal‹ biopolitical relation between citizens and the State. This relation no longer has to do with free and active participation in the public sphere, but instead concerns the routine inscription and registration of the most private and most incommunicable element of subjectivity – the biopolitical life of the body.«]

7 »Thoughts on the Planetary. An Interview with Achille Mbembe« (5.9.2019), in: *New Frame*, {www.newframe.com/thoughts-on-the-planetary-an-interview-with-achille-mbembe/}, letzter Zugriff 29.5.2022.

8 Siehe zur »Gesichthaftigkeit« Gilles Deleuze u. Félix Guattari, *Tausend Plateaus. Kapitalismus und Schizophrenie*, Berlin 1992, S. 160.

9 Alexander Galloway, »Let's spit on Hegel«, in: *cultureandcommunication.org* (27.8.2020), {cultureandcommunication.org/galloway/lets-spit-on-hegel}, letzter Zugriff 29.5.2022 (Hvh. d. Autors).

10 Agamben, »Körper ohne Worte«, in: Bredekamp u. Werner (Hg.), *Bildwelten des Wissens*, S. 19–20, hier S. 20 (Hvh. d. Autors). Siehe Fn. 6.

11 Giorgio Agamben, »Eine Frage«, in: ders., *An welchem Punkt stehen wir? Die Epidemie als Politik*, Wien 2021, S. 51–57, hier S. 55.

12 Giorgio Agamben, »Die Erfindung einer Epidemie«, in: ders., *An welchem Punkt stehen wir?*, S. 15–19, hier S. 15.

13 Anm. d. Ü.: Bis auf »Il volto e la maschera / Die Gesichtslosen«, ein Artikel, der in dem vom Verschwörungstheorieforscher Michael Butter zu den alternativen Medien zählenden Onlinemagazin *Rubikon* veröffentlicht wurde ({www.rubikon.news/artikel/die-gesichtslosen}, letzter Zugriff 29.5.2022), finden sich alle genannten Texte in Agamben, *An welchem Punkt stehen wir?*

14 Giorgio Agamben, »Vorwort«, in: ders., *An welchem Punkt stehen wir?*, S. 7–13, hier S. 13.

15 Giorgio Agamben, »Die Erfindung einer Epidemie«, S. 18 f.

16 Giorgio Agamben, »Ansteckung«, in: ders., *An welchem Punkt stehen wir?*, S. 20–24, hier S. 23 (Hvh. d. Autors).

17 Ebd., S. 23 f.

18 Giorgio Agamben, »Requiem für die Studierenden«, in: ders., *An welchem Punkt stehen wir?*, S. 114–117, hier S. 117.

19 Agamben, »Ansteckung«, in: ders., *An welchem Punkt stehen wir?*, S. 20–24, hier S. 20 (Hvh. d. Autors).

20 Agamben, »Eine Frage«, in: ders., *An welchem Punkt stehen wir?*, S. 52.

21 Ebd., S. 55 (Hvh. d. Autors).

22 Ebd., S. 53.

23 Arkadi Strugatzki, Boris Strugatzki, *Das Experiment*, in: dies., *Gesammelte Werke* 2, München 2010, 4. Teil, Kap. I (E-Book).

24 William S. Burroughs, »Ah Pook is here«, zit. nach *Open Culture*, {https://www.openculture.com/2014/05/ah-pook-is-here.html}, letzter Zugriff 29.5.2022.

Dank

Dieses Buch begann als Teil des »Revenge of the Real«-Projekts des Terraforming-Thinktanks am Strelka Institut in Moskau. Als Covid-19 sich über den Globus ausbreitete und unsere Forscher:innen sich wieder in die auf ihren Pässen ausgewiesenen Länder zerstreut hatten, wandten wir unsere Gedanken der Pandemie zu, die die globale Kultur erschütterte. Viele der hier dargelegten Ideen wurden erstmals in dem am 3. April 2020 im *Strelka Mag* veröffentlichten Aufsatz »18 Lessons of Quarantine Urbanism« [»18 Lehren des Quarantäne-Urbanismus«] vorgebracht.

Erste Auflage Berlin 2022

Göhrener Str. 7 | 10437 Berlin

Umschlaggestaltung: Dirk Lebahn, Berlin
Layout und Satz: Monika Grucza-Nápoles, Berlin
Druck und Bindung: GGP Media GmbH, Pößneck
Printed in Germany
ISBN 978-3-7518-0356-4
info@matthes-seitz-berlin.de